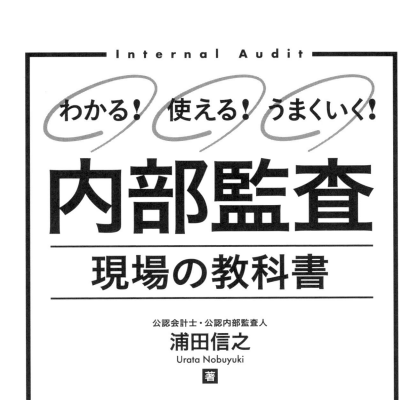

まえがき

　内部監査部門への期待の高まりをここ数年で感じます。コーポレートガバナンス・コードやJ-SOX基準などで，専門職としての期待が記され，その影響もあってか，従来はベテラン社員のみを配置していた企業でも，中堅社員の配属や，中途採用を開始する企業が増えています。

　一方で，内部監査は，会社のすべての業務を対象にその状況をチェックするという幅の広い仕事であること，仕事の進め方が会社ごとにまちまちであることから，特に初めて内部監査部門で働く方にとっては，どこから業務を学べばよいのか，戸惑うことも多いかと思います。たとえば，経理実務などと比較したときに，市販の入門書の数が少ないうえに，数少ない書籍も，過度に理論的であったり，特定の企業での経験の影響が大きいなど，なかなか参考になるものが見つからないのが現状です。

　筆者は外資系企業での内部監査部門経験を皮切りに，日系・外資系とりまぜて合計4社の内部監査部門の責任者・管理職として働く機会をいただきました。複数の会社の内部監査部門で働く中で，「まずはこのくらいの水準を目指すべき」という判断軸を自分の中に作り上げることができたように思います。

　本書は，内部監査部門で仕事をしている方，これから働く予定の方に対して，どの会社でも共有できる内部監査についての知識と，「このくらいの水準であればまずは大丈夫」というラインを示し，日々の業務に対する不明点や不安の解消を目指したものです。また，いきなり内部監査部門の運営を任された管理職の方，内部監査部門の充実を検討している経営者・監査役等の皆様にもお役に立てる内容となっています。

　本書を手に取ってくださった方が，内部監査業務にご活用いただき，優れた内部監査活動の結果として企業の経営に貢献することにつなげていただければ，筆者としてそれに勝る喜びはありません。

公認会計士・公認内部監査人　浦田　信之

本書の読み方

　本書は，はじめて内部監査部門に配属された方がスムーズに業務になじめるように，配属直後に留意すべき点を「**第1章　内部監査部門に配属されたら**」で説明をしており，さらに，様々なやり方がある中でも，日本および海外の企業が実践している学ぶべき手法を，「**第2章　内部監査の一巡の流れ**」，「**第3章　現場で監査を実施する**」，「**第4章　内部監査報告書を作成する**」で監査業務の進行に沿う形で説明しています。

　すでに内部監査業務に従事している方には，「**第5章　指摘事項が出やすい領域の基礎知識**」や「**第9章　より高度な内部監査**」で，実際に個別の内部監査業務に臨むにあたっての実践的なノウハウや監査の狙いどころを解説しています。

　さらに，昨今の内部監査をとりまく最新の状況や，国際的な内部監査の基準と公認内部監査人資格についても「**第7章　注目を集める内部監査**」，「**第8章　IIAの理論と公認内部監査人の資格**」で触れており，社会的な内部監査への期待や，国際的な基準や資格の概要を理解することができます。

　また，最初から管理職や内部監査部門長を任された人が安心して部門を運営できるコツや将来に向けての考え方を「**第6章　部門外とのコミュニケーション**」，「**第10章　内部監査部門の発展のために**」で述べています。

　読者の置かれている状況や興味に応じて好きな章を読んでいただいても，ほとんどの内容は理解できるように書かれています。頭から読んで挫折するのではなく，今，実際の内部監査を行っている中で，一番関心のある領域から読み進めていただくことをお勧めします。

iii

目　　次

・まえがき・ⅰ
・本書の読み方・ⅱ

第1章　内部監査部門に配属されたら ―――――― 1

1　「監査」もいろいろ，何をやっているのかをまず理解しよう・2

2　監査役監査や会計監査との違いを理解しよう・6

3　内部監査とJ-SOX・11

4　内部監査人に求められるもの・16

5　内部監査って役に立っているの？・21

Column①　アメリカの会社の内部監査部門はエリート養成所？・24

第2章　内部監査の一巡の流れ ―――――――― 25

1　中期計画や年度計画を確認しよう・26

2　個別の監査の一巡の流れを理解しよう・30

3　監査の事前準備・32

4　往査期間・38

5　報告とフォローアップ・42

Column②　リスク・アプローチについて・44

第3章　現場で監査を実施する ――――――――― 45

1　監査手続を実施する・46

2　有効なヒアリング・50

3　ウォークスルー・54

4　サンプリング・57

5　リモート監査と観察・59

6　監査調書・61

Column③　監査法人の職階・64

第4章　内部監査報告書を作成する ─────── 65

1　「内部監査報告書」とは・66

2　指摘事項の基本構成・70

3　経営者にインパクトを与える指摘事項の書き方・76

4　指摘事項のフォローアップ・82

Column④　内部監査報告書の文章作成上の工夫・86

第5章　指摘事項が出やすい領域の基礎知識 ─────── 87

1　素手で監査に臨まないように・88

2　人事・労務関係の監査の狙いどころ・91

3　IT・情報セキュリティ系の監査の狙いどころ・96

4　調達・購買関連業務の監査の狙いどころ・100

5　コンプライアンス・法務関連業務の監査の狙いどころ・105

6　製造部門の監査の狙いどころ・110

7　経理・財務部門の監査の狙いどころ・112

Column⑤　国の内部監査？・114

第6章　部門外とのコミュニケーション ─────── 115

1　内部監査の報告先・116

2　他の部門および監査法人とのコミュニケーション・120

第7章　注目を集める内部監査 ─────── 125

1　内部監査とコーポレートガバナンス・コード・126

2　J-SOX基準改訂が内部監査に与える影響・132

3　内部監査とリスクマネジメント・136

4　ESGと内部監査・139

目　次　v

第8章　IIAの理論と公認内部監査人の資格 ─────── 143

1　IIAが提唱する内部監査のフレームワーク・144

2　CIA試験の概要と対策・153

Column⑥　コントロール・セルフ・アセスメント（CSA）の難しさ・160

第9章　より高度な内部監査 ──────────────── 161

1　ビジネスに貢献する売上高・営業部門監査・162

2　データを利用して異常値を検知する手法・170

3　サイバーセキュリティ対応の内部監査・173

4　海外拠点の内部監査・176

5　不正調査・182

Column⑦　不正調査時の黙秘権とメールの検閲・186

第10章　内部監査部門の発展のために ──────────── 187

1　長期的な人材の確保・188

2　海外子会社等に内部監査部門を設置する場合の留意点・192

3　実効性のある教育研修・196

4　有価証券報告書における開示・199

5　内部監査の進む道・205

第 1 章

内部監査部門に
配属されたら

●本章のポイント●

内部監査部門に配属されたら最初に何を理解するべきでしょうか？　業務を始める前に理解したい基本的な概念や仕事の範囲などをまずは明らかにしていきます。

1 「監査」もいろいろ，
何をやっているのかをまず理解しよう

　人事異動や転職で新しい部署に配属されたときは緊張するものです。それが未経験の「内部監査」ならなおさらです。手近なところから理解を深めて，緊張をほぐしていきましょう。

(1)　はじめに把握しておくこと

　内部監査部門（会社によって，監査室，監査部，内部監査部など呼称は様々ですが，ここでは「内部監査部門」という用語で統一します）といっても，実はその「監査」が指す範囲は大変広く，会社によってもまちまちです。したがって，**まずは自分の会社の内部監査部門が一体どんな監査を実施しているのか，監査以外に担当している業務があるのかを把握しましょう。**私のこれまでの経験では，内部監査部門が担当している業務としては以下のようなものがありました。

- 会社の各部門や子会社に対する内部監査（一般的に内部監査と呼ばれているもの）
- 内部監査のうち，ITの分野に特化した監査
- 内部統制（J-SOX）監査
- ISO認証を得るための監査
- グループ会社の監査役監査を内部監査部門が実施
- 監査役監査のサポート

　会社によっては，こうした監査の種類によってチームが最初から分かれている場合もあれば，監査の都度，メンバーが指名されてどの監査にも誰もが取り組むという運用の場合もあります。内部監査部門への配属が決まったら，まず，部門で担当している業務が一体どのようなものなのかをきちんと把握しましょう。

本書では以下,「会社各部門や子会社に対する内部監査(一般的に内部監査と呼ばれているもの)」が中心業務となる場合を想定して,何をやっていけば良いのかを述べます。それ以外の領域がメインとなっている場合には,作業を行うためのチェックリストなどが用意されている場合も多いので,まずはそれらに目を通し,部署の上司や以前からいるメンバーに確認を取りながら業務を学んでいくのが基本となります。

(2) 内部監査部門の組織(例)

組織構造としては図1のように,監査部長の下に業務ごとにグループが分かれているケースと,図2のように部長以外のメンバーはフラットで,業務ごとにチームを組むケースが典型的です。これに海外部門をどう見るかも加わると,より複雑な組織になるケースもあります。

図1

図2

(3) 会社の組織構造と規程を理解する

　グループを含めた会社全体の組織構造を理解しましょう。基本的に監査は部署や子会社などの単位ごとに実施することが多いので，まずは各組織や子会社が何をやっているのかをおおまかに理解しないと，これまでにやってきた監査の記録やこれからやろうとしている監査対象がどういった位置づけなのかが理解できません。

　次に，会社に存在する様々なルールのうち，実際に業務を行ううえで基本となる規程類にどのようなものがあるのかを把握したいところです。各規程と，それを所管している部署がどこかまでわかるととても良いでしょう。また，**各規程の適用範囲を確認するようにしましょう**。親会社のみを対象としているもの，日本国内のみのもの，海外含めたグループ全体を対象とするものなど様々で，「規程に違反しています！」と意気込んで監査で指摘をしたら，「その規程は当部署は対象外です」などということを避けるために重要です。

(4) これまでにやってきた内部監査を理解しよう

　内部監査という仕事の難しいところは，目的や手法が会社によってまちまちというところにあると思います。一応，内部監査人協会（The Institute of Internal Auditors, Inc. 以下，IIA）という国際団体があり，「グローバル内部監査基準」（以下，内部監査基準）をはじめとする様々なガイドラインを出していますが，強制力があるものではありません。また，そもそも内部監査部門のメンバーでもIIAや内部監査基準の存在を知らない方も珍しくないです。

　そういうわけで，各社まちまちの監査をやっているとしか言えないのですが，はじめに自社の「内部監査規程」と過去の監査の実施記録および監査の報告書を3年分くらい読んでみましょう。まずは，**個別の監査の報告書をきちんと作成できるようになることが，多くの場合あなたに期待されている仕事**なので，それがどの程度のものかを理解するためです。

第1章　内部監査部門に配属されたら　5

(5)　内部監査の重点対象領域を理解する

　内部監査の範囲は本来，会社の業務すべてが対象であり，どの部署や子会社に対しても監査を実施する可能性があるはずです。しかし，様々な事情（多くの場合は内部監査部門の能力）で，監査の実施範囲に制約があったり，実質的に監査対象外となる領域があることは珍しくないと思われます。企業グループの親会社における内部監査部門の対象領域を一般的な括りで整理すると，以下のとおりです。

- ●親会社管理部門
- ●親会社営業部門
- ●親会社製造・研究開発部門
- ●国内支店・支社
- ●国内子会社
- ●海外拠点

　これらのうち，いずれかについては知見に乏しいことなどを理由に実質的に内部監査が行われておらず，逆にいずれかについては毎年かなりのリソースを割いている，という偏りがあるケースが多いです。特に海外については，言語の壁もあり，リスクが高い割に日系企業ではあまり手がついていないケースも多いかと思います。

　理想形としては，適切なリスク評価に基づいて監査範囲を決めていくべきなのですが，配属されたばかりの人がそれを声高に主張しても，過去の経緯もあり，意見はなかなか通らないでしょう。**まずは，どういった領域を重視しているかをきちんと理解しておきましょう。**

　また，子会社などについては，そちらにも独自の内部監査部門が存在しているので，監査の対象外としているケースもあります。

2 監査役監査や会計監査との違いを 理解しよう

内部監査部門と関連が深く，時に混同されやすい「監査役監査」と「会計監査」，およびそれらに内部監査を加えた「三様監査」という概念について説明します。

(1) 監査役監査とは

会社法の教科書を見ると，「監査役は，取締役の職務執行を監査する機関」と書かれています。少し難しいですが，代表取締役や取締役は会社の業務を実際に行う役割を担っています。取締役たちが，株主の利益に反するようなこと，法令等に違反することをしていないかをチェックする見張り役が監査役です。この監査役が行う監査を「監査役監査」と呼びます。

監査の対象は取締役ということになっていますが，取締役たちはそれぞれ自分の職責があり，それを部下たちに実行させていますから，結局監査役は，会社の業務全般を幅広く見ながら，取締役たちがきちんと仕事をしているかのチェックを行っていると理解しておきましょう。

内部監査部門も行っていることは監査役監査に非常に近いのですが，特に注意して見る相手が取締役なのか，一般の従業員の通常業務なのかが異なってきます。なお，最近では監査役を置かない「監査等委員会設置会社」，「指名委員会等設置会社」という形態の会社も増えてきました。これらの会社の「監査等委員」，「監査委員」も監査役と同じような役割と認識しておけば良いでしょう。

(2) 会計監査とは

通常，株式を上場している会社や，上場していなくても一定以上の規模

（資本金5億円以上もしくは負債総額200億円以上）の会社は，会社の年間の業績を示す財務諸表（決算書）が適正に作成されていることを，会計監査人（監査法人もしくは公認会計士）に監査してもらうことが法令で求められています。この監査のことを，「会計監査」と呼びます。

　大きな会社が，本当はもうかっていないのに，もうかっていると嘘をついて（これを粉飾と言います）株を発行したり大きな取引をしたりして，ある日突然倒産してしまったら，大勢の人に損害が及ぶので，それを防ぐための制度です。財務諸表に対する監査は，会計についての深い専門知識が必要なこと，問題があった場合の影響が大きいことなどから，会社の中の人ではなく，外部の監査法人等に実施してもらうことになっており，「外部監査」という呼び方をしたりもします。

　会計監査はあくまで財務諸表を対象にしていますが，会社の活動はその大半が会計の数字に影響しますし，会計監査の過程で会社の様々な「内部統制」（会社の業務が適切に行われるように構築された仕組み）の検証を行うため，内部監査とも重なり合う部分は存在します。

(3)　では，内部監査は何を目的とするのか

　さきほど，内部監査の目的や手法はまちまちであると述べました。したがって，まずは各会社のやり方を理解する必要があります。多くの会社での実務や内部監査人協会の指針などを参考にして集約すると，以下のとおりです。

- ●会社の業務が法令や会社の定めたルールに従って行われていること
- ●会社の業務が効率的に無駄なく行われていること
- ●会社の資産が不適切に失われるような活動がないこと

　これらを，**会社内にありながら，監査の相手（被監査部門）から独立した立場でチェックし，問題があれば指摘し改善を促すことを目的とした活動**と言えば，たいていの会社の内部監査部門の目的を包括できるでしょう。

(4) 三様監査とは

　三様監査とは，本節の(1)と(2)で説明した「監査役監査」，「会計監査」に「内部監査」を加えた3種類の監査のことを指します。しかし，それにとどまらず，これら3種類の監査が独立の立場から，相互に協力し合って，効果的な監査を進めていくべき，という考え方を含めて使われる場合もある言葉です。

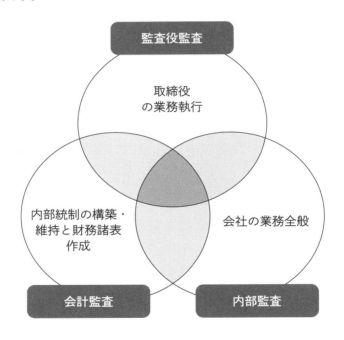

　3種類の監査の役割を図で表すと上のようなイメージになります。それぞれの監査がカバーする範囲は異なりますが，お互いに重なる部分があります。監査役監査の対象である取締役の業務執行は，取締役が所掌している会社の各種業務の状況と切り離せるものではありません。会計監査の特に「内部統制の構築・維持」の部分は，内部監査でも会社のルールに則って業務が行われているかとつながってきます。

　また，直接は関係がないとしても，**それぞれの監査で問題となって検出**

された事項については，三者がきちんと把握して自らの実施する監査に役立てるべきです。これまで監査法人や監査役とはあまり縁のない業務をしていた人が内部監査部門に移ることもあると思いますが，三様監査の他の担い手とのコミュニケーションの重要性について理解し，適切な協力関係を築くことが望ましいです。

(5)　三様監査の難しさ

　三様監査においてはコミュニケーションと連携が重要と述べましたが，やはり別々に活動しているので，注意すべき点もあります。

①　監査役監査との関係

　監査役監査と内部監査は切り分けが難しい部分が大半です。加えて，監査役は多くの場合，手足となって動いてくれるスタッフを多くは持っていません。秘書的な位置付けの監査役室メンバーが2，3名いれば良いほうではないでしょうか。しかもこの人たちは，社外監査役のスケジュール調整や資料準備などの業務も担っています。この状況では，特に常勤監査役は職責を果たすうえで，内部監査部門に寄りかかってくることは当然と言えるでしょう。

　通常社内での地位は監査役のほうが内部監査部長より上位（内部監査部長が昇進して監査役になるケースも多い）なので，内部監査部長としては監査役の部下的立ち位置になるケースは珍しくないと思われます。しかし，内部監査部門が監査役の部下になってしまっては，三様監査の相互に独立の視点が失われてしまいます。そもそも監査役が内部監査部門の業績評価をするわけでもないので，やはりここは別の立場であることを明らかにしておくべきです。

　また，議論はありますが，監査役の監査は法令に適合しているかという「適法性」をメインにすべきであり，「適正性」にまで踏み込むべきではないという考えがあります。これも内部監査部門と監査役の役割の線引きの論拠の1つです。

② 会計監査との関係

　会計監査人は，内部監査部門が複数の条件を満たしている場合に，内部監査部門が行った監査の作業の一部を利用できるというルールがあります（監査基準報告書610「内部監査人の作業の利用」）。ここに定められている条件は非常に厳しいので，多くの場合，会計監査人はこれを適用しないのが，わが国の大半の企業の実情です。

　ただ，内部監査部門の充実している海外の企業などでは，逆に会計監査人に内部監査の作業を利用してもらって，会社が監査報酬（通常，日本より高額なことが多い）の引き下げを要求する材料にするケースもあるようです。しかし，こうなってしまうと内部監査部門が会計監査人の下請けのようになりかねず，やはり三様監査の良さが失われる可能性が潜んでいます。

3 内部監査とJ-SOX

　日本では2008年のJ-SOX開始とともに内部監査部門が設立・拡大された会社も多く，内部監査部門とJ-SOXは密接な関係があります。しかし，J-SOXという名前もとっつきにくいですし，関わっていない人には理解が難しい部分もあります。J-SOXに関連する実務を丁寧に説明すると書籍1冊でも足りないくらいですが，ここでは内部監査部門のメンバーとして最低限知っておくべきことを解説します。

(1) そもそもJ-SOXとは？　経緯と名前の由来

　J-SOXのJは，JapanのJです。SOXはもともとはアメリカのSOX法から来ています。SOX法は正式には上場企業会計改革および投資家保護法（英語：Public Company Accounting Reform and Investor Protection Act of 2002）という難しい名前ですが，アメリカでこの法案を提出したポール・サーベンス上院議員（Paul Sarbanes）とマイケル・G・オクスリー下院議員（Michael G. Oxley）の2人の苗字からSとOXを取ってSOX法と呼んでいます。

　アメリカで21世紀の初頭にエンロン社，ワールドコム社という大企業の粉飾決算による倒産が相次いだことから，企業が決算を行うプロセスを適切に整備し，その有効性を確認し，同時に監査法人による監査を受けることが義務づけられました。

　日本でもこのアメリカの制度に倣う形で，金融商品取引法により2008年から上場会社に対して内部統制の有効性評価が求められるようになり，これを通称J-SOXと呼んでいます。

⑵　J-SOXと会計監査の関係

　SOXがそもそも企業の粉飾決算を防ぐ観点から生まれたというところから想像できるとおり，J-SOXは，会計監査人の行う会計監査と密接な関連があります。

　さきほど，「内部統制の有効性評価」という用語が出てきました。内部統制の定義も専門的には難しいのですが，ここでは，会社の様々な業務がルールに則って適切に行われるようにする仕組み，と理解してください。

　簡単な例は，使った経費を精算するときに，申請書を出すと上司がその内容をチェックして適切なものであることを確認して承認する仕組みなどです。J-SOXは財務諸表を適正に作成するための内部統制が有効であることを確認することが大きな目的です。

　三様監査のところでも述べましたが，会計監査人の行う会計監査は，会社の財務諸表が適正であることをチェックします。たとえば，会社の1年間の売上の合計を「売上高」として財務諸表に記載する場合，日々の売上高の集計のプロセスがきちんとできていること（これも内部統制）が前提になります。

　J-SOXでは，こうした集計プロセスがきちんと整っており（整備状況），かつ，想定したように運用されている（運用状況）ことを会社として確認することを求めており，**この確認の役割を内部監査部門が負うことが多い**のです。

　なお，会社側が確認した内部統制の整備・運用状況については，監査法人も，適切であるかの確認を行います。

　J-SOXにおける確認は会計監査の前提となるので，どのような確認を行うかについては，会計監査人との密接なコミュニケーションが求められます。制度趣旨としては，会社がまず整備運用をきちんとやり，その検証もする，ということになっています。しかし，現実には会計監査人がOKするかどうかが，様々な判断のベースになっているのが実態です。

(3) 評価範囲と3点セット

J-SOXで内部統制を評価するにあたって，まずは評価の範囲を決定する必要があります。企業グループ全体におけるすべての内部統制を評価することはあまりにも工数がかかり現実的ではないので，特に財務報告に大きな影響を及ぼすと想定される部分を中心に一部を選んでいきます。

統制の種類は下表のとおりです。

大項目	小項目	一般的な評価範囲(注)	一般的な評価対象
全社統制		売上等の95％以上を占める拠点	信頼性のある財務報告への経営者の姿勢，適切なリスク評価の体制，情報の共有が適切であるか，業務のモニタリングが適切か，ITへの対応が適切かなど
決算財務報告統制	全社レベル	全社統制と同様	財務諸表の作成，決算修正の会計処理，開示事項の作成など
	個別プロセス	リスクに応じて選定	リスクの大きい取引や見積り，経営者判断が大きな要素となる金融取引，引当金計算，減損など
業務プロセス統制		売上等の概ね2/3以上を占める拠点	重要な勘定（通常は売上，売掛金，棚卸資産）に至る業務プロセス
IT統制	IT全社統制	全社統制と同様	ITに関する適切な戦略，計画の策定，経営者によるIT環境の理解，ITに関するリスクの考慮など
	IT全般統制	財務報告および業務プロセス統制の重要な勘定科目に関連するシステム	システムの開発・保守に係る管理，システムの運用・管理，アクセス管理，外部委託に関する契約の管理など
	IT業務処理統制		入力情報の完全性・正確性・正当性を確保する統制，エラーの修正と再処理，例外（エラー）の修正と再処理，マスタ・データの維持管理，アクセス権限管理など

(注) 95％，2/3といった数値の目安は2023年のJ-SOX基準改訂時に削除されましたが，旧基準に引き続き適用している企業が多いと思われます。

J-SOX業務では「3点セット」という言葉が頻繁に出てきます。これは「業務記述書」，「フローチャート」，「リスク・コントロール・マトリクス（RCM）」の3種類の文書のことです。要するに，業務がどのような流れ

で進み，どこにリスクがあるのでどういったチェックを働かせているか，を取りまとめた文書類です。すでにJ-SOXに対応している会社であれば，これらの文書が作成されているはずなので，これを利用して，変更点については更新を行いながら，内部統制の状況を評価していくことになります。

J-SOX 3点セット
業務記述書
フローチャート
リスク・コントロール・マトリクス（RCM）

---

(4) スケジュール

　内部統制評価は毎年実施し，会計監査と同じタイミングで**決算日時点での内部統制の状況について監査法人から監査証明を受ける必要がある**ので，厳密なスケジュールに沿って進める必要があります。会社により多少の相違はありますが，大まかな年間の予定としては以下のような流れになります。

●年間スケジュール例

(5) 問題があった場合の対応

　内部統制評価を行う中で，想定したとおりの運用が行われておらず，問題が生じていることが発見される場合があります。こうした問題のことを「不備」と呼んでいます。不備が年度中に発見された場合には，その不備が発生しないように改善を現場の担当部門に行ってもらったうえで，年度

末の時点できちんと改善がなされているかを再確認します。ここできちんと対応されており，**同じ問題が発生しない状況になっていればOK**です。

　しかし，対応が適切になされていない場合や，期末時点の財務諸表の作成過程で問題点が出てしまい，期末日時点での改善が完了していない場合は，この不備が与える潜在的な影響を算定します。その結果として，特に問題となる一定の金額（これを「金額的重要性の基準値」と呼びます）を超えているなど，不備の影響が大きいと結論が出た場合，この不備を「開示すべき重要な不備」と呼び，内部統制報告書に記載が必要となります。

　「金額的重要性の基準値」は一般的に税引前利益の５％を用いることが多いようですが，その判断は各社ごとに監査法人とも協議して決めておくべきです。また，開示すべきか否かの判断は，金額のみでなく，質的な重要性も考慮されます。

4 内部監査人に求められるもの

　内部監査の仕事をする人を「内部監査人」と呼びます。一般的に内部監査人には「**独立性と客観性を持つこと**」と，「**専門的能力と専門職としての正当な注意をもって職責を全うすること**」が求められています。でも，内部監査部門に入っていきなりそんなことを言われても戸惑ってしまうでしょう。ここではこれらの要求事項を解説していきます。

(1) 独立性とは

　監査において「独立性」があるとは，監査対象部門と大きな利害関係がなく，その疑いを招くふるまいなどもなく，監査において，えこひいきや個人的な恨みからくる過剰な指摘などを行っていないと利害関係者が納得できる状況を維持できていることです。

　内部監査に限らず，他人を何らかの尺度で評価するときに独立性はとても重要です。ある大学では，教授の子供や親戚がその大学を受験するときには，その教授は出題者から外れるそうです。また，会社の同じ部署で結婚したカップルがいれば，どちらかが他の部署に異動するという運用をしている会社もあります。周りが気を使うからというのもありますが，夫婦の一方がもう一方の人事評価を行ううえで公平性が保てない可能性があるから，という理由もあります。こういった配慮がなければ，本当はそんなことはなくても「彼は教授の息子だから入試問題についてこっそり親から聞いていたんじゃないか？」，「あの人は奥さんが上司だからこのあいだのボーナスが多かったらしい」などと思う人が出てきて，入試も人事評価も信用されなくなり，組織に大きなマイナスです。

　また，会計監査を行う監査法人は特に独立性に厳しく，その監査法人が監査しているクライアント企業の株を買えないばかりか，銀行の監査をしていればその銀行からローンを借りることも認められないなど，厳密な

ルールを各法人が運用しているようです。

　内部監査もこれらと同様で，「あの部署は内部監査部門の課長が昨年まйでいたところだから，監査が甘かった」などと言われては信用してもらえません。

(2)　独立性を維持する方策

　では，内部監査部門において独立性を担保するにはどのような方策があるのでしょうか。

　実はこれは大変難しいところで，内部監査部門といえども会社の一組織で，内部監査人も従業員ですから，警察や税務署，検察のようにはなかなかいきません。IIAの基準や多くの日本企業の組織構造，実態などを考慮してまとめると，以下のように整理するのが実務的です。

独立性の維持

① 取締役会や監査役会等と緊密にコミュニケーション可能
② 取締役会や監査役会等に対する定期的な報告の実施
③ 特定の部署の下に所属せず，社内で極力独立した部署とする。
④ 内部監査部門は監査以外の会社の業務を原則として担当しない。

---

　①，②により，たとえ社内の上層部の一部から監査に対してプレッシャーがかけられたとしても，これらの会議体への報告等を通じてプレッシャーを跳ね返すことが可能となります。

　③によって特定部署に対してはきちんと監査ができなくなるという状況を回避できます。日本の場合はこの観点から内部監査部門を社長直属としている会社が多いですが，社長からのプレッシャーも想定しうるので，①や②も必要となるのです。

　④については，何らかの業務を担当すると，それを監査するときに自分で行っていることを自分で監査する自己監査となってしまい，望ましくないためです。

(3)　客観性とその維持

　内部監査における「客観性」についてIIAではシンプルに「客観性とは，内部監査人の公正不偏な精神的態度」と述べています。つまり，内部監査人個人の心の中の話なので，これは他人には見たり確認することができません。

　そこで，第三者が見て「この内部監査人は確かに公正で偏らない判断をしているだろうなぁ」と思ってもらえるような条件を満たすことで，客観性の存在の証明を代替することになります。具体的には，被監査部署から高額の贈答や接待は避けるようにする，他部署から内部監査部門に異動してきた場合には，すぐに元の部署の監査を担当することは避けてインターバルを置くなどです。

　ただ，たとえば元経理部長が異動で内部監査部長になったような場合，内部監査の指摘の多くが会計と切り離せないことなど，実際の運用には難しさもあり，会社の規模や内部監査部門の能力等に応じて対応せざるをえないのが実態でしょう。

(4)　専門的能力

　内部監査人は専門的能力が必要な専門職であるということは，IIAが述べているだけでなく，日本で2023年4月7日に公表された「財務報告に係る内部統制の評価及び監査の基準並びに財務報告に係る内部統制の評価及び監査に関する実施基準の改訂について（意見書）」（J-SOX基準）にも「内部監査人は，熟達した専門的能力と専門職としての正当な注意をもって職責を全うすることが求められる。」と記されています。

　会計監査については専門的能力の定義はかなり明確で，公認会計士試験に合格して国家資格を有する者がその専門的能力があるとみなされます。IIAでもCertified Internal Auditor（略称CIA，公認内部監査人）という資格の試験実施と資格認定を行っており，本音では内部監査はCIA保有者がやるべきと言いたいのだと思いますが，現状では日本でも他国でもそのよ

うな制度にはなっていません。

　そもそも会社の人事異動で内部監査部門に移ったばかりでいきなり「専門的能力」と言われても困惑するのが普通だと思います。内部監査に関する書籍などを見ると，内部監査の監査手続や会社業務，法令，会計，ITなどについての広範な知識と口頭・文書を通じての高いコミュニケーション能力が必要などと，なかなか欲張ったことが書かれています。もちろんこれらをすべて網羅できれば言うことはないのですが，まずこのくらいは，という部分を以下に整理しました。

項目	教材等	備考
会社のビジネスとリスク	有価証券報告書（上場企業） 統合報告書（作成していれば） 同僚からのヒアリング 会社のWebsiteおよびイントラネット	有価証券報告書は「事業の状況」，「コーポレートガバナンスの状況等」に監査に関連する情報が多いです。 内部監査部門には様々な部署の経験者がいることが多いので，同僚から他部署の話を聞くことはとても有用です。
経理・財務	日商簿記検定2級のテキスト	検定試験に合格するのはかなり大変ですが，扱われている内容が理解できれば，まずは良いでしょう。
情報セキュリティ	情報処理推進機構のウェブサイト https://www.ipa.go.jp/index.html	情報の宝庫ですが，「情報セキュリティ10大脅威」だけでも目を通しましょう。
IT	ITパスポート試験のテキスト	簿記2級ほどの難易度ではないので，合格を目指しても良いと思います。
監査手続	本書	本書をよく読んでいただければ，基本的な内容は十分です。
内部監査の理論	日本内部監査協会のウェブサイト https://www.iiajapan.com/leg/	IIAおよび日本の内部監査協会が提唱している基準を見ることができます。強制力はありませんが，考え方の指針になります。

　しかし，これら以上に大事なことは，まずは**自分がこれまでに従事してきた業務に関連する知見と，その領域にある問題点をきちんと把握しておく**ことです。内部監査部門は，**部門全体として様々な領域に対応できれば良い**のであり，一人ですべてをカバーすることまでは求められていません。ある程度の人数がいるなら，まず自分の得意な分野を押さえ，かつ他のメンバーにもその知見を共有する努力が重要です。

(5) 専門職としての正当な注意

　業務を行ううえで適切な注意を払って，大きな誤りが起きないようにすることは内部監査人に限らず企業で働く人なら誰もが求められることです。IIAでは「専門職としての正当な注意」について「内部監査人は，平均的にしてかつ十分な慎重さと能力を備える内部監査人に期待される注意を払い技能を適用しなければならない。専門職としての正当な注意とは全く過失のないことを意味するものではない。」と述べています（内部監査の専門職的実施の国際基準 1220）。

　業務を行ううえで社会通念上求められる注意を払って業務を実施し，不審な点や違和感があったときには適切に上司などに共有して対応を図るということができていれば，まずは十分です。一方で，「全く過失のないことを意味するものではない。」とあるように，監査がすべての潜在的な問題を必ず発見できるわけではない，と監査の限界を示して，内部監査人に過剰な責任が及ばないように守る考え方を含んでいます。

5 内部監査って役に立っているの？

　「監査」,「内部監査」という言葉から，重箱の隅をつつくような指摘をする嫌な人で，企業の業績に貢献せず現場を邪魔する存在であるという認識を持つ方もいると思います。ここでは，内部監査がどのような形で企業に貢献しているか，役に立っているのかを見ていきましょう。

(1) 不正の発見への貢献

　公認不正検査士協会（Association of Certified Fraud Examiners，以下ACFE）という団体の調査（「2022年度版 職業上の不正に関する国民への報告書」）によれば，組織の不正の発見手段は1位が通報によるもので42％，2位が内部監査で16％，3位がマネジメントレビューで12％と報告されています。これは日本のみでなく世界全体のデータですが，**内部監査が不正の発見に大きく貢献している**ことを示しています。

　通報については，内部通報の制度を整えるなどの努力は企業側が実施するものとはいえ，基本的に通報者頼みのものであり，これは社内での不正を発見する統制の一環として企業が大きな期待を寄せるべきものではないでしょう。企業が自ら不正を発見する努力の方法としては，内部監査が最も大きな役割を果たしていると考えることができます。

(2) 業績改善への貢献

　個人的な経験ですが，内部監査を通じて業績不振だった事業部の業績改善に貢献したことがあります。A事業部は数年前まで業績好調だったはずが，いつの間にか予算の未達や前年比マイナス成長が続くようになっていました。月末出荷が不自然に多く，事業部長に説明を求めてもはっきりしたことがわかりません。そこで，この事業部に対しての監査の実施を決定

し，在庫や出荷，マーケティング活動や販売費，価格決定やリベートなどの営業活動を詳細に調査したところ，以下のような問題点が次々と発見されました。

- 現場営業マンへの過剰な値引き決定権限の付与
- 例外措置であるはずの返品受入れの常態化
- リベートや販売促進費のずさんな支出

業績が苦しくなってきて，その都度の売上を増やすために現場が無理を重ね，それが顧客（B to Bなので顧客も法人）に見透かされ，「あそこは月末近くなれば苦しくなって値引いてくる」とバレてしまっていたのでしょう。

これらの発見事項は明確な会社のルール違反もあれば，グレーゾーンのものもありました。しかし，おしなべて会社の利益やオペレーションを圧迫しており，内部監査部門からは大幅な改善を求めました。

もちろん，Ａ事業部からは反発もありましたが，事業部長や役員のサポートを得て何とか改善を進めてもらいました。その年は，上記のような方策も使えなくなり，業績もますます苦しくなりました。しかし，翌年になると，足元を見られることもなくなったためか，業績がじわじわと回復してきました。無理な出荷で市場でダブついていた商品がはけたこともあるでしょう。ともあれ，改革を推し進めた事業部長が更迭される前に業績が改善して私も胸をなでおろしました。

この一件から，ビジネスサイドが苦しくなってきたときに監査に入って，短期利益のためのその場しのぎの施策を防ぐ支援を早めにすることは，長期的な成長にきちんと貢献できる活動であることが確信できました。内部監査はこのような働きも可能なのです。

(3) 経営者による不正の防波堤になる

　いわゆる内部統制の限界の1つとして，経営者により無効化される，というものがあります。確かに社長などトップが不正の指示を出していた場合，一般の従業員ではそれに抗うのがなかなか難しいというのは事実でしょう。しかし，2023年に改訂されたJ-SOX基準においては，内部監査部門が適切に活動し経営陣と監査役会等の双方にコミュニケーションを取ることが，**経営者による不正を防止するうえで一定の役割がある**，という整理をしています。

Column①

アメリカの会社の内部監査部門はエリート養成所？

　アメリカの会社では，内部監査部門は将来を担うエリート候補が会社全体を見渡し，マネジメントとの接点を早い段階で持つ部門，と思われている節があります。これはGeneral Electric社（GE）のCorporate Audit Staff（CAS）から来ているようです。

　『GE帝国盛衰史　「最強企業」だった組織はどこで間違えたのか』（トーマス・グリタ他著，ダイヤモンド社）によれば，「（CASは）GEの企業文化を守る護衛隊，トップをめざす若手の登竜門であり，エリート養成のためのもう1つのジョブローテーション」，「そのルーツは20世紀初頭にさかのぼり」，「GEの上層部は，ほとんどがCASの修了者だ」と述べられています。

　GEはアメリカの他の多くの会社にその出身者がいるので，これが米系外資の内部監査部門のイメージを形作っている可能性は高いでしょう。

　しかし，CASの活動がともすれば被監査部署の業績をどう上向きに見せるかといった方向に行きがちであった，という見方もあるようです。そのためかGE社は2020年にはCASを廃止し，人材育成と内部監査の機能の切り離しを行うと発表しています。外資における「内部監査部門はエリート養成部門」という伝説も過去のものになるかもしれません。

　一方，日本では内部監査部門の強化が求められるようになり，各社でも具体的な動きが出ているようですので，内部監査部門の位置づけは外資系企業と日本企業でだんだん近づいていくのかもしれません。

第 2 章

内部監査の一巡の流れ

●本章のポイント●

本章では，実際に内部監査の現場に出て監査業務を行う際に実施するイベントを紹介していきます。監査がどのように始まって，実施され，終わっていくのかを理解しましょう。

1 中期計画や年度計画を確認しよう

　内部監査部門も会社の一組織なので，会社の目指す方向性を把握したうえで中期計画や年度計画を立案する必要があります。内部監査部門に配属された直後は，計画立案より，すでに存在する計画を正しく理解することから始めるのが良いでしょう。

(1)　会社の中期計画と内部監査の中期計画

　会社の中期計画は，通常3年～5年程度の期間を見据えて作成されるケースが多いようです。変化の大きい時代に中期計画不要論もありますし，特にベンチャー企業などでは3年後のことなど想定できないということで，中期計画のない会社もあると思いますが，まずは会社の中期計画を確認してみましょう。会社によっては，売上や利益の目標値などとともに対外的に公表しているところもあります。

　次に，内部監査部門の中期計画も確認してみましょう。作っていない場合は仕方ないですが，作っている場合，**会社の中期計画とどうつながっているかは理解しておきましょう**。たとえば，インターネットビジネスの拡大を唱えているならそれに関連する監査の計画があるか，海外展開が目玉なら海外事業所やM&Aに内部監査としてどう対処するかといった点です。

　今年が中期計画の何年目かにもよりますが，こうした大きな視点での会社と内部監査への理解は，今後どういった領域の知識を集めておく必要があるかということにもつながってきます。

　また，今後，内部監査部門の中期計画の作成に携わる可能性もありますが，そのときには会社全体との関連性や整合性を意識するべきでしょう。ただ，監査には被監査部署に予見されないようにしたほうが良い，という一面もあるので，会社の中期計画とリンクしない内部監査部門の独自の要素があることは，悪いことではありません。

(2) 年度計画の作成方針

　内部監査の中期計画については存在しない会社もあるかと思いますが，年度計画は多くの会社が作成しているでしょう。IIAの内部監査基準（2024年改訂前）を見ると，「（内部監査部門の）計画の策定　内部監査部門長は，組織体のゴールと調和するように内部監査部門の業務の優先順位を決定するために，リスク・ベースの監査計画を策定しなければならない。」とあります。要するに，**リスク評価をしたうえで経営陣の意見なども反映して計画を作りましょう**ということです。

　もう少し具体的に，各年度でどういった領域を監査するかを決める方法について，よく使われる手法をここで説明します。なお，以下の「××方式」というのはすべて筆者がここで名づけたもので，一般的なものではないことにご注意ください。多くの会社は以下の3つの方式を組み合わせて，監査対象を決めて監査計画を策定しているようです。

●ローテーション方式
　ローテーション方式は基本的な手法の1つです。監査対象部門・会社をリストアップして，最低でもたとえば5年に一度は監査に行くようにするというスタイルです。

●パラメータ方式
　リストアップされた監査対象部門・会社について，それぞれ定量的なデータ（売上，利益，人員数等）や，定性的な情報（過去の近い時期に懲戒処分を受けた社員がいるか，部門長があまりに長期間同じ人のままか等）を収集し，一定のスコアを付してスコアの高いほうから監査対象とする方式です。

●ヒアリング方式
　主にマネジメントや重要な部署の責任者・管理職などに幅広くインタビューを行い，その結果をもとに監査部門で判断を行い，年度計画を立案する方式です。

(3) 年度計画を確認しよう

配属されたら，年度計画を確認して，自分がどの監査を担当するかを確認しましょう。以下は監査の年度計画の抜粋例です。

〈内部監査　年度計画の例〉

	1月	2月	3月	4月
山田監査部長				
田中	A事業部		D国現法（主査）	
鈴木	A事業部（主査）		C部門	
佐藤	B子会社		C部門（主査）	
斉藤	B子会社（主査）		D国現法	

最低でも「どの部門・拠点」を，「誰が」，「いつ」監査するかは決めてあるケースが大半です。また，「主査」とは，呼び名は会社によって異なるかもしれませんが，その監査をリードする役割の人です。場合によっては海外出張などもありえるので，計画の早めの確認は重要です。

次にやっておきたいのは，自分の担当する監査の拠点や部署などが，**なぜ今年監査をすることになったかの把握**です。通常，選定理由は「(2)　年度計画の作成方針」で触れた「ローテーション方式」，「パラメータ方式」，「ヒアリング方式」のいずれかには引っかかってくるので，それを理解するとともに，「ローテーション」なら**前回の監査の状況**，「パラメータ」なら**どの項目が特に問題となったか**，「ヒアリング」なら**社内の誰が特に懸念を持っているのか**といった点を押さえるようにしましょう。

(4) 発展編 　監査の年度計画の作り方のヒント

「(2)　年度計画の作成方針」で大まかに3つの方式を組み合わせて監査計画を作成している会社が多いという説明をしました。監査計画を作る立場になったときのために，良い監査計画を作成するヒントを説明します。

発展的な話なので，読み飛ばして，必要になったら参照するという読み方でも構いません。

　まず，そもそもどのエリアを監査するのが内部監査部門として良いのか，という視点で考えてみます。必要なスキルを持った監査部員が十分にいるわけではない多くの日本企業の内部監査部門の場合，まずその存在価値を社長や経営陣，監査役などに認めてもらう必要があります。そのためには**「良い監査指摘をたくさん出す」**ことが**最も近道**です。

　良い監査指摘を出すには，現在の内部監査部員たちのこれまでの職歴をよく理解し，比較的得意そうなところを狙いにいくという方法が有効です。なぜそこを監査対象に選んだか，という説明が難しいのですが，ローテーションでもマネジメントとのヒアリングからのこじつけでも構わないので，何とかねじ込むようにしたいです。

　次に，ローテーション方式やパラメータ方式の考え方はやはり無視できないので，数値データを基にした選定を行いたいところです。ただ，あまり多くの変数を持ってきても労力の割に精度が上がりにくいので，おおざっぱに，前回監査からの年数と，規模を示す指標を1つか2つ揃えればまずは良いでしょう。一般的には売上高か総費用と，人員数が多く用いられると思われます。

　最後に，年度途中で緊急性の高い事象が発生した場合に対応できるように，差替え可能な監査対象を決めておくと，マネジメントからの要請にも柔軟に応えることができます。

2　個別の監査の一巡の流れを理解しよう

　年度計画を確認したら，次はいよいよ実際の内部監査を実施する準備です。監査は基本的にプロジェクトベースで行われます。会社によって細かい違いはあるでしょうが，ここでは一般的な流れを理解してください。

(1)　監査の一巡の流れ

　年度計画で予定された個別の監査の始まりから終わりまでの流れは，おおむね以下のようになります。細かい内容は次節以降で解説します。

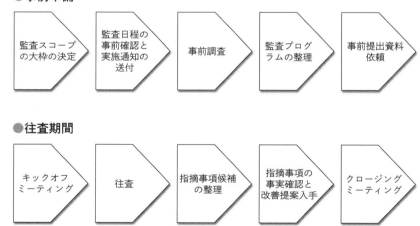

(2) 一巡に必要な期間はどのくらいか？

では，これらのプロセスをどのくらいの時間を使って進めていけば良いのでしょうか？　これには正解はなく，各社まちまちなのが実情です。筆者の経験で，ペースが速かった内部監査部門は，監査対象部門への通知を往査の1カ月前に送付し，往査開始から監査報告書送付までをおおむね2カ月で回すことを要求していました（下図参照）。このペースで1人が年間10件程度の監査に従事していたので，前の監査のまとめを行いながら次の監査の準備をするという期間があることになります。

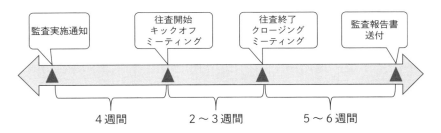

もう少しペースの緩やかな会社だと，事前と事後に時間を費やして，3カ月程度かけているケースもありました。1回の監査で見る対象と従事するメンバーを増やせば，1つの監査期間も長期化しがちです。

確かに事前通知や報告書作成などは，ある程度の規模の監査対象を設定してまとめて行ったほうが効率的かもしれません。しかし，対象の中のごく一部の点で被監査部署との合意に手間取って報告書の提出が大幅に遅くなることも実務上はよくあります。1回の監査の対象はあまり大きな括りにせず，細かい括りの監査で数をこなしていくほうが，改善のスピード感などの点からは望ましいように思います。

3　監査の事前準備

事前準備の各項目の内容，注意点などについて説明します。

●事前準備

(1)　監査スコープの大枠の決定

　年度の監査計画では，監査対象の部署あるいは子会社は決定していても，それ以上細かい部分については決め切れていない場合もあります。たとえば，海外子会社Ａ社を数年ぶりに監査するような場合，「ここ数年監査をしていないが，かなりビジネスが拡大しており様々な懸念がある」という程度の大まかな理由で選定されることはありえます。

　しかし，Ａ社の規模によっては，すべての機能（営業，製造，開発，物流，管理など）の監査を行うのが難しい場合には，対象をある程度絞る必要が出てきます。事後的な変更はありえるにしても，監査の通知を行う際に，部署や会社のトップにはメインで見る部分を伝えるほうが良いので，内部監査部門内で事前にある程度のところを決めておくべきです。

　現時点でわかるＡ社についての情報（業績，事業計画など）や取締役会等での議論，非公式な各方面へのヒアリングで当たりをつけたうえで，内部監査部門としての方向性を決定しましょう。

(2)　監査日程の事前確認と実施通知の送付

　実際に部署なり子会社なりに赴いて，インタビューをしたり書類を確認したり現場の状況を観察することを「往査」と呼びます。往査するにあたっては当然ながら被監査部署等の協力とスケジュール調整が必要となります。大まかにどの時期に往査したいかという希望は内部監査部門で出すにしても，その週はキーパーソンが出張でいないとか，同じタイミングで税務調査が入るとか，社を挙げての新製品の発売前後で多忙だとか，相手方にも色々と事情があります。

　すべての事情を聞くわけにはいかないにしても，調整対応は必要ですし，場合によっては他の監査とスケジュールを入れ替えるような対応も必要かもしれません。そのため，被監査部署等の責任者（子会社なら社長や管理部長など）に，監査全体および往査のタイミングと「(1)　監査スコープの大枠の決定」で決めた大まかなスコープを伝えて対応可能かを確認する必要があります。

　被監査部署等の責任者からの返答をもとに，こちらの想定しているスケジュールで監査が可能という確認ができたら，社内の通知として「監査実施通知書」（名称は会社によって異なります）を出すことが多いです。

　以下に，監査実施通知に記載する項目や記載方法の例を挙げておきますので，参考にしてください。

〈監査実施通知書の例〉

20xx年 x 月 x 日

株式会社 ×××

代表取締役CEO　×××　殿
取締役CFO　　　×××　殿

内部監査部長　×××

内部監査実施通知書

　内部監査規程に基づき下記内容にて内部監査を実施いたしますのでご協力の程宜しくお願いいたします。

記

1．監査対象	監査対象部門：株式会社 ×××
2．監査実施日	20xx年 x 月 x 日～20xx年 x 月 x 日
3．監査担当者	×××（主査），×××
4．監査目的	株式会社 ×××の業務が法令及び社内規程等に沿って効率的に実施されていることを確認する。
5．監査項目	●ガバナンスの状況全般 ●人事労務管理 ●在庫及び固定資産の管理状況 （上記以外にも必要に応じて確認を実施する可能性があります）
6．依頼事項	●被監査部門の担当者への監査実施についての共有 ●監査に必要な資料の提出及びデータ等の閲覧権限の付与 ●監査ヒアリングへの対応時間の確保

以上

　監査項目については，監査の過程で当初想定していなかった分野から問題が発見される可能性があるので，少し幅を持たせた記載にすると良いでしょう。

(3) 事前調査

　事前調査は，実際に細かい監査手続でのチェックに先立ち，今回の監査スコープの中で，どういった箇所が特にリスクが高いか，有用な指摘が出そうかなどを把握し，どういった監査手続を行っていくかを決めるために行います。

　なお，このあたりから被監査部署等の責任者や管理職の方と直接コミュニケーションを取ることが増えてきます。また，事前調査と，実際に訪問しての監査を行う「往査」の区分は，特にリモート環境での業務が増えてきた現在においては，かなりあいまいになってきています。事前調査的な部分も往査に含めて行う監査部門もあるかもしれませんので，まずは会社ごとの方針に従うのが良いでしょう。

　ただ，定型的なデータを出してもらい，どこをより細かく見るかということは，ある程度事前に決めておいたほうが被監査部署とのコミュニケーションがスムーズになります。可能であれば事前調査フェーズで基礎資料の入手と概況の把握を行いましょう。

　たとえば，人事関係の監査を行うとして，新卒採用・中途採用・定年退職・自主退職のプロセスを確認しようとする場合，事前に以下の点くらいは見ておきましょう。

●人事関連規程
●新卒採用・中途採用・定年退職・自主退職者のデータ

　人数の多いケースについては厚めに確認するというのは，監査を効率的に進めるうえで必要です。

　その他，基本的なシステムへのアクセス権の付与をお願いしておき，ある程度自由に監査人がデータを見られるようにしておけば，被監査部署のデータ提出の手間を軽減することができます。

　個人情報が含まれているようなデータについては扱いに注意が必要ですが，内部監査部門は基本的にすべてのデータにアクセスできることが望ましいので，こういったやり方を一般化できれば効率化につながります。

(4) 監査プログラムの整理

監査プログラム（監査手続書，チェックリストなどと呼ぶ場合もあります）とは，実際に監査を行う際に，どのような項目を検証する必要があるかをリストアップしたものです。具体的には以下のようなフォームです。

〈監査プログラムの例〉

> 実施者，完了日，リファレンス（監査を実施した調書の番号など）を記載

販売計画の検証

	監査手続	実施者	完了日	Ref
1	会社が対外的に公表している業績予測や予算と，営業部門の作成している予算を対比し，相互に矛盾や大きな乖離がないことを確認する。			
2	毎月，毎四半期，毎年度の予算と実績の対比を行い，大きな乖離がある場合にはその原因を把握する。			
3	予算と実績の乖離が非常に少ない場合には，月末，四半期末の数日間の売上傾向や販売先を確認し，異常な操作の形跡がないことを確認する。			
4	新製品・サービスの販売について過年度の計画と実績の対比を行い，乖離がある場合の分析や修正対応が適切に行われていることを確認する。			
5	新製品・サービスの販売実績が計画を下回るケースが多いのであれば，その原因がどこにあるのかを把握する。実現性の乏しい計画を立案し，失敗した場合の責任の追及が適切に行われているかを確認する。			

上表の「監査手続」の部分は，事前調査で得られた情報をもとに加筆修正していきます。ベースとなるプログラムをあらかじめ用意しておき，監査の都度必要なカスタマイズを行うことができればベストです。しかし，新規の事象への監査を実施する場合には，監査手続を一から構築しなければならない場合もあります。また，計画の段階で完全なプログラムを作らずに，実際に監査を進めていく中で手続を加えていく方法もあります。

監査プログラムをExcelなどで作成し，横に実施した結果や指摘事項まで書いていく方法もありますが，全部を一表に集約しても詳細は別紙を見

るしかないことも多いです。そのため，筆者は監査プログラムに含める項目は，監査手続以外は最小限にとどめたほうが使いやすいと思っています。

　チームで監査を実施する場合，チームのリーダーはチームのメンバーに対して，監査プログラムに沿った作業を指示することになります。ただし，監査プログラムはあくまで事前に設定しているものなので，予定していた作業の実施が難しい場合が発生します。**そういった場合には，代替的な手続で対応するなどの柔軟性をチームとして持つ必要**があります。

(5)　事前提出資料依頼

　一通り監査プログラムの準備ができたら，実施する予定の監査手続に沿った資料の依頼をする必要があります。上記の監査プログラムの例にある「会社が対外的に公表している業績予測や予算と，営業部門の作成している予算を対比し，相互に矛盾や大きな乖離がないことを確認する。」という監査手続を実施するには，対外公表している業績予測や予算と，営業部門の作成している予算の両方を入手する必要があります。

　対外公表しているものはインターネットなどで見ることができるかもしれませんが，営業部門の作成している資料は通常は当該部署なり，予算管轄している経営企画部門なりに頼まなければなりません。こうした資料をリストアップして，被監査部署に提出を依頼します。

　なお，事前依頼資料を「PBC」と呼ぶことがありますが，これは"Prepared By Client"の略語で，監査法人がよく用いる用語です。

〈事前依頼資料リストの例〉

No	資料名	依頼部署	入手日
1	過去2年間の社内作成予算の事業別内訳および予算実績比較	経営企画	
2	過去2年間に発売された新製品の販売計画と実績	マーケティング	
3	新製品開発時のプロセスがわかる資料	マーケティング	
4	過去2年間の製品販売に対するクレームのリスト	品質管理	

4 往査期間

　実際に被監査部署に赴いて監査を実施することを「往査」と呼びますが，この期間の業務について説明します。

●往査期間

(1) キックオフミーティング

　実際に被監査部署等に監査チームが赴いて本番の監査を行う際に，被監査部署の責任者や管理職などに対して，監査の目的，スコープ，スケジュールなどを説明するミーティングを持つケースが多いです。これをキックオフミーティングなどと呼んでいます。

　昨今，リモート環境での業務執行が一般的となり，また，往査前の準備期間においても被監査部署の方とのコミュニケーションは色々と必要なこと，監査実施通知にも概略は記載があることなどから，キックオフミーティングを省略してもよいのではという考えもありますが，よりスムーズな監査の実施のためには，実施したほうが望ましいでしょう。

　アジェンダとしては主に以下のような内容が想定されます。

- ●監査の目的および範囲
- ●三様監査と内部監査の位置づけ
- ●監査スケジュール
- ●担当者および監査範囲の担当割当

(2) 往 査

　往査期間中は，基本的に事前準備の段階で用意した監査プログラムに沿って監査を実施していくことになります。実際に監査を行う際の手法は「監査手続」と呼ばれますが，この詳細は次章で解説します。ここでは，往査にあたっての実務上の優先事項を挙げておきます。特に，往査先と内部監査部門が物理的に離れている場合（典型的には海外）を想定しています。

――― 往査の優先事項 ―――
- ① 関係者とのFace to Faceのコミュニケーション
- ② 物理的に現場でしか実施できない作業の優先的実施
- ③ 必要な作業をスムーズに行うための準備
- ④ 指摘事項の概要の共有

　まず，**被監査部署のキーパーソンと対面で話すこと**です。キックオフミーティングでもその機会は持てるでしょうが，もっと人数の少ない場でも話す機会を持つべきでしょう。部署の責任者だけでなく，事前準備の段階で対応していただいた被監査部署の担当者などにもお礼も含めたコミュニケーションを取るべきです。リモートワークが発達したとはいっても，一度顔を合わせたことのある人とそうでない人とでは心理的な距離は明らかに異なります。今後の監査の進行も考慮して，コミュニケーションを取っておきましょう。

　次に，物理的に往査期間中にやらなければいけないことを優先して進めましょう。たとえば，**在庫や固定資産の管理状況などは，実地で見ないことには話になりません**。また，紙で保管されている文書類なども，少量ならPDFで送ってもらうことも可能ですが，多量の場合はそれは難しいので優先して確認すべきです。

　コミュニケーションと実物の確認のためには，被監査部署の担当者等の予定を確認しておくことや，会議室を確保するなどの用意（こうした準備をロジスティクスの略で「ロジ」と呼んだりします）も必要になります。

また，次項以降で述べる**指摘事項についても，可能な限り概略を往査期間中に伝えたい**ものです。指摘事項の内容は被監査部署にとっても最も重要な関心事なので，不意打ちや後出しのような印象を与えることは可能な限り避けたいものです。

(3)　指摘事項候補の整理

往査期間中に監査プログラムに沿って作業を進めていくと，「××であることを確認する。」と監査プログラムに書かれているのに，それが行われていないケースが出てきます。

たとえば，「会社が対外的に公表している業績予測や予算と，営業部門の作成している予算を対比し，相互に矛盾や大きな乖離がないことを確認する。」という監査プログラムに沿って資料を確認したところ，対外的な公表内容と営業部門の作成している予算が大きく乖離していたというようなケースです。

こうした状況は，さらにその背景等をきちんと確認する必要はありますが，まずは監査指摘事項の候補となってきます。これらについては，内部監査のチーム内で共有したうえで，本当に内部監査側から指摘するべき問題が潜んでいるのかを検討していきます。

(4)　指摘事項の事実確認と改善提案入手

指摘事項候補を整理し，事実関係や監査プログラムとの相違の原因などが明確になったら，**内部監査側の理解内容を被監査部署の担当者に照会して，事実関係に相違がないことを確認します**。ここは大変重要なステップで，後の段階になって「いや，その指摘事項は間違っています。すでにこういう対応を実施しており問題はないはずです。」となってしまっては，内部監査に対する信頼が失われてしまいます。

事実確認ができて，問題点を問題点として被監査部署と共有できたなら，今度はその問題点をどのように修正していくのかという議論を行います。

最終的な報告書に記載するレベルの合意までたどり着ければ理想的ですが，そうでないまでも，**内部監査側と被監査部署が同じ問題を認識し，同じ改善の方向性に向かうという目線合わせ**をこの段階で済ませておきたいところです。

(5)　クロージングミーティング

　予定していた往査の最終日には，クロージングミーティングを行うのが良いでしょう。この時点ですべての監査プログラムが終わり，指摘事項が整理され，監査の結果報告までできるのが理想です。

　すべて完了しているなら，内部監査の報告書まで交付し，その概要の説明と，指摘事項の修正のフォローアップについて確認を実施することになります。しかし，実際には往査期間中にそこまで終わらせることができないケースも多いでしょう。その場合には，**未了部分の確認と今後のスケジュールについて合意を取ったうえで，現場からはいったん引き上げる，というのが実務的な対応**です。

　ただし，厳密な確認を行うべき重要な問題点がある場合や，現場での確認が必須の事項が未了といった場合には，往査期間の延長も検討するべきです。

　クロージングミーティングのアジェンダ例は以下のとおりです。

- ●監査報告書の様式等の説明
- ●内部監査側からの指摘事項の概要
- ●未了事項がある場合，その内容と今後のフォローアップ予定
- ●今後，被監査部署に実施してもらう事項の説明

　内部監査のメンバーが目の前からいなくなっても，被監査部署に引き続き対応をお願いしなければいけない事項は色々とあります。特に，指摘事項の改善状況のフォローアップは，短期間では終わらないことも多いので，その点をきちんと共有しておくことが重要です。

5　報告とフォローアップ

　往査を終えたら，内部監査報告書の作成と，指摘事項のフォローアップの作業が待っています。

●報告とフォローアップ

(1)　内部監査報告書作成・送付

　内部監査の結果を取りまとめ，監査対象部署などの状況に対する内部監査部門としての意見と，監査の過程で発見された指摘事項を取りまとめた文書を「監査報告書」，「内部監査報告書」などと呼びます。本書では「内部監査報告書」という用語を使います。

　内部監査報告書作成の注意点の詳細は第4章に譲りますが，内部監査報告書は，被監査部署のみならず，担当役員や監査役等の経営陣に共有されることもあり，**内部監査部門の目に見える成果物としては最も重要なもの**と言っても過言ではありません。

　指摘事項の概略が往査期間中にある程度まとまったとしても，会社としての正式な文書として発行する内部監査報告書については，内容や文面に細心の注意を払う必要がありますし，監査チームとは別に内部監査部門の責任者（監査部長等）がレビューして，役員等からの質問に対して適切な回答ができるようにしておく必要があります。したがって，ここでは相応の時間をかけている企業が多いと思われます。

　内部監査報告書が完成したら，それを送付することになりますが，指摘

事項等が往査最終日に伝えたものと大きく相違している場合には，再度の会議を持つなどのコミュニケーションも検討するべきです。

(2)　指摘事項改善確認

　監査報告書を送付して一安心，といきたいですが，まだ大事な仕事が残っています。監査報告書の中で指摘した事項がきちんと改善されていることを確認しなければなりません。

　指摘事項に適切な改善提案を出してもらい，さらにそれを期日までに完了してエビデンスを提出してもらうというのは，監査の本番が終わった後の作業だけに地味です。しかし，**ここをきちんとしないと，せっかくの監査もやりっぱなしになりますし，いつまでも問題が改善せず，内部監査の意味もなくなってしまうリスクがあります。**

　筆者の経験ではこの部分をきちんと取り組めている内部監査部門は決して多くありませんでした。このプロセスの工夫や課題についても第4章にて詳述しますが，ここでは改善の確認まで終わってはじめて監査が終わったと言える，ということをご理解ください。

Column② リスク・アプローチについて

　会計監査であれ内部監査であれ，対象となる取引すべてを網羅的にチェックすることは多くの場合困難です。そのため，特に会計監査ではリスク・アプローチという考え方を採用しています。簡易的に説明すると，下図のような概念を利用し，固有リスクと統制リスクを事前に評価して，発見リスクを許容できるレベルまで下げられるように監査手続のリソースを配分する，という点がポイントです。

　一方，内部監査においてもIIAの国際基準（旧基準）2010において「リスク・ベースの監査計画を策定しなければならない。」という記載がありました。これは，会計監査のリスク・アプローチほど緻密な概念ではなく，「リスクの高いところを中心に監査をやるべき」という，至極当然のことを述べているに過ぎないと筆者は考えています。実際，混同を避けるためか，新しいグローバル内部監査基準からは，「リスク・ベース」という文言は消えています。

　実務的には，内部監査の場合，統制リスクが高い（問題をきちんと防ぐだけの内部統制がない）時点で監査指摘をして改善を求めるべきというケースが多く，「内部統制が弱いから，たくさん取引を確認して，結果としてエラーがなければOK」という考え方は取らないほうが望ましいでしょう。言い換えれば，「きちんとしたルールがない」だけでも問題，その結果として色々なエラーや不正が起きていたら大問題，ということです。

第 3 章

現場で監査を実施する

●本章のポイント●

本章では，現場に出て実際に監査の作業を行う際に，どのようなことをやっていくのかについての手法や，どのようにすればスムーズに作業が進められるかの工夫について解説します。

1 監査手続を実施する

　第2章で，内部監査の一巡の流れを理解しましたが，実際に監査を実施するとなったときに，監査プログラムを渡されて「これに沿って監査を実施してください」と言われても困ってしまいますよね。まず，「監査手続」について理解をしましょう。

(1) 監査手続とは

　監査プログラムに沿って，実際にヒアリングを行い事実を把握したり，書類をチェックして色々な会社のプロセスが会社のルールに沿って行われていることを確認したりする作業を「監査手続」と呼んでいます。書籍によってはこれを「監査技術」，「監査技法」などと呼んでいるものもあります。あまりこだわっても仕方ないので，本書では「監査手続」という用語を採用します。

(2) 会計監査における監査手続と内部監査

　公認会計士・監査法人の行う会計監査においては，以前から監査手続について定義づけが行われており，それは内部監査の実務にも影響を及ぼしています。用語を理解しておく必要はありますし，そこで述べられている監査手続は，内部監査において実施されるものを基本的に網羅していると思われます。そこで，公認会計士協会の公表している「監査基準報告書」などに沿って監査手続を示す用語と内容を説明します。

　「監査基準報告書」では，監査手続として，質問，閲覧，実査，観察，確認，再計算，再実施，分析的手続を挙げています。これらをふまえて，内部監査人が押さえておくべき監査手続をまとめたのが次の表になります。

第3章　現場で監査を実施する　47

〈内部監査人が押さえておくべき監査手続〉

名称	内容
質問	口頭で話を聞いて情報を得ること全般です。
閲覧	様々な記録や文書を読んで内容を把握する手続です。規程を読んでプロセスを理解することも，帳票の束をめくって承認があることをチェックすることも含まれます。
証憑突合	証憑とは証拠書類のことです。会社の記録と証拠書類を突き合わせる手続で，たとえば費用の明細と請求書の金額や支払日が一致していることのチェックなどです。英語でバウチング（Vouching）とも呼ばれます。
実査	「実物検査」の略で「じっさ」と読みます。現金や有価証券，固定資産や棚卸資産が実際に帳簿に記録されているのと同様に存在していることを確認する手続です。
観察	実際に現場で業務が行われている状況を目で見て理解し，問題点の有無を検証することです。工場の製造現場で安全が担保される形で業務が行われているかのチェックなどです。
確認	第三者に文書等で正式な回答を依頼，入手する手続です。銀行への残高照会，得意先への売掛金残高の照会，外部倉庫への預かり在庫の照会などが該当します。内部監査では監査人が実際に確認するより，すでに被監査部署が入手しているこれらの外部からの回答文書を見せてもらうケースが多いです。
再計算	記録や文書に計上されている数値が正しいかを検算することです。実際にはたとえば残業代について，人事規程に沿った形での割増計算が適切に行われていることをチェックするなどの手続をイメージすれば良いでしょう。
再実施	実際に会社のシステムなどにデータを入力するなどして，本来得られるべき結果が出力されるかを検証する手続です。
分析的手続	相互に関連すると想定されるデータを比較して異常値や矛盾の有無を検証する手続です。たとえば鉄道で乗客数と運賃収入を比較するなどです。

(3)　棚卸の立会について

　期末になると倉庫などで棚卸を行う会社は多いと思います。棚卸は，期末に会社が保有している在庫の数量や金額を正確に把握するための重要なプロセスです。このため，会計監査人，内部監査人，監査役などが棚卸を行っている現場に赴き，実際に棚卸を行っている状況を見て，適切に行わ

れていると確認することを通常，棚 卸 立会と呼んでいます。

かつては会計監査における監査手続としても立会は正式な用語として使われていました。しかし，棚卸の立会は，棚卸手順書をよく読んで理解する（閲覧），実際に棚卸が手順書に沿ってもれなく行われていることを目で見て確認する（観察），手に取って在庫が帳簿と一致していることを実際に数えて確認する（実査）といった具合に，複数の監査手続が組み合わさっているものです。このためか，現在では「監査基準報告書」の監査手続の列挙からは立会は削除されています。しかし，今でも棚卸の立会という言葉は監査の現場では頻繁に使われますので，覚えておいたほうが良いでしょう。

(4) 監査プログラムと監査手続

次に，監査プログラムを見ながら，監査手続をどのように進めていくのかを見てみましょう。以下は，顧客との契約が適切に行われていることを確認するための監査プログラムの例です。

〈顧客との契約〉

	手続
1	顧客との間に会社として必要とされている契約が締結されており，契約書が存在することを確認する。
2	契約締結時に，適切なスクリーニングプロセスが存在し，運用されていることを確認する。
3	取引先マスターの設定・変更はエビデンスに基づいて実施されており，設定者と承認者が分かれていることを確認する。
4	支払期限について例外的な設定を行う場合のプロセスが適切に整備運用されていることを確認する。
5	取引限度額設定が適切に行われていること，与信超過が発生する場合の承認プロセスが適切に整備運用されていることを確認する。

1つ目の「顧客との間に会社として必要とされている契約が締結されており，契約書が存在することを確認する」という手続を完了させるには，次のようなステップを踏みます。

ステップ①　契約管理の担当者に，顧客との間で結んでいる契約はどのようなものがあるかを「**質問**」

ステップ②　顧客リストなどを「**閲覧**」していくつかの顧客を選択し（これを**サンプリング**と呼びます。後述），その顧客との押印済の契約書を入手

ステップ③　契約書と顧客リストを「**証憑突合**」

ステップ④　契約が適切に結ばれ，契約書が保管されていることが確認できた！

2つ目の「契約締結時に，適切なスクリーニングプロセスが存在し，運用されていることを確認する」は次のようなステップになります。

ステップ①　会社の規程等を「**閲覧**」して，新規契約締結時のルール（信用調査，反社会的組織ではないことのチェックなど）を把握

ステップ②　担当者に「**質問**」して，ルールに沿った運用が行われていることを確認

ステップ③　具体的な契約の例を出してもらい，一連の手続を具体的なケースで把握（これも「**閲覧**」や「**証憑突合**」の一種ですが，最初から最後まで通して歩いてみることに例えて，「**ウォークスルー**」と呼んだりもします。後述）

ステップ④　取引全体のリストから複数のケースを選び，実際の書類を「**閲覧**」「**証憑突合**」

ステップ⑤　契約締結時に，適切なスクリーニングプロセスが存在し，運用されていることを確認できた！

2 有効なヒアリング

　前節では監査手続について説明しましたが，特に内部監査で重要なのが「質問」です。ただ「質問」というと，こちらが何かを問い，それに答えてもらうという限定的なやり取りの印象もあります。

　実際にはミーティングなどの形式で双方向のコミュニケーションを行うのが通常ですので，もう少し幅広く「ヒアリング」という言葉で，監査における口頭でのコミュニケーションのコツを説明します。

(1) 警戒心を解いてもらう

　ヒアリングを行う際には，まず**警戒心をできるだけ解いてもらう必要があります**。警戒心を解いてもらうために最初に伝えたほうが良いこととしては，第2章4(1)「キックオフミーティング」の内容があります。特に，キックオフミーティングに出席していない人が相手の場合は，簡単で良いので，この内容を適宜共有しておくと良いでしょう。

(再掲) キックオフミーティングのアジェンダ例
- 監査の目的および範囲
- 三様監査と内部監査の位置づけ
- 監査スケジュール
- 担当者および監査範囲の担当割当

　「監査の目的および範囲」について，あなたにこれからヒアリングをするのは，何か怪しいことがあるが故の**取り調べなどではなく，会社の業務の一環としての内部監査の一部分**であること，内部監査は会社のすべての業務を対象としており，**誰でも監査を受ける可能性がある**ことを伝えましょう。

　また，「三様監査と内部監査の位置づけ」についても，一般的には理解している人が少ない話ですが，監査にも色々と種類があり，内容が一部重

複してしまうことの理解を求めたいところです。

　なお，何らかの問題が発生した場合に行う特別調査などの場合には，別の判断が必要になります。たとえば，内部通報に基づいての調査をするような場合には，また別のコミュニケーションスタイルを考えるべきです（第9章5参照）。

(2)　事前に聞きたい内容の概略を伝えておく

　事前にどのような内容を話すかをどれだけ伝えるかはケースバイケースです。細かいアジェンダを欲しがる人もいれば，あまり細かいことを伝えると恐怖心を持たれたり，完ぺきな回答のために過剰な準備をしてしまう人もいます。しかし，少なくとも**大筋としてこのようなことを聞きたい，ということは伝えておきましょう**。これによって，全くの担当外の人に話を聞いてしまうという事態を回避できます。

　また，どのようなことを聞きたいかという質問リストを手持ちとして作っておくことは有効ですが，相手の話次第で聞く内容は分岐していくので，これもこだわりすぎないほうが良いヒアリングができるでしょう。

(3)　相手に話してもらう

　特に監査の初期段階では，内部監査側には情報が不足していることも多く，キーパーソンからのヒアリングは，被監査部署の状況や潜在的な問題点を把握できる極めて重要な機会です。ここで大事なのは，以下の点です。

- ●相手の業務にリスペクトを持つ。
- ●相手の業務に興味と関心を持つ。
- ●こちらから話すよりまずはできるだけ相手に話してもらう。
- ●時間をもらうことに感謝はするが卑屈にはならない。

　まず，仮に問題点があるとしても，今日までその仕事を回して会社の機能の一部を果たしてきたことは間違いないので，その事実へのリスペクト

を持って現在の状況を受け入れ，**過度に批判的な態度で聞かないようにしましょう。**

　監査のために話をしてもらうことに申し訳なさを感じる内部監査部門の人がいますが，相手の仕事に真剣に興味を持ち，「より良くするためにやるべきことを考える」という姿勢が伝わると，大半の人は非常に熱心に自分の仕事を話してくれるようになります。誰しも自分の仕事を他人にわかってほしいという思いがあるので，臆せず話を聞くようにしましょう。

　ヒアリングでは情報収集が目的なので，本節「(1)　警戒心を解いてもらう」以外では，できるだけ相手から話を引き出すように努めましょう。

(4)　柔らかい言葉を使うように心がける

　やや小手先の話ですが，できれば使うことを避けたほうがよい言葉があります。子会社の人と話すのであれば「子会社」という言葉を避けて「グループ会社」，他にも「下請」ではなく「協力会社」などです。これらは会社や部署によって工夫している場合もあるので，相手が気を使っている場合にはできるだけこちらもそれに合わせる努力をしましょう。

　また，「J-SOXの3点セット」，「監査手続」，「三様監査」などのような用語も，相手がいつも理解できるとは限らないことに注意しましょう。

(5)　ヒアリングの人数と記録の取り方

　人から本音を聞きたいときには，密室で，かつ一対一で録音を取らないスタイルが一番有効でしょう。しかし，常にそうもいきませんし，密室での一対一はハラスメントなどのリスクもあります。

　内部監査のチームが2名以下の場合は，2名でヒアリングに臨むことを基本とし，部分的な話や細部の確認では1名でも問題ないでしょう。内部監査側が3名を超えている場合，メンバーの熟練度にもよりますが，あまり同席する人数を増やさないほうが良いというのが筆者の意見です。監査側の人数が多すぎると相手に威圧感を与える可能性がありますし，監査業

務の効率が低下する可能性もあるためです。

　以前，5名程度のチームで常に全員ヒアリング出席を基本としている監査チームで働いたことがありますが，議事録作成などの事務作業の精度は高くても，有効な監査にはつなげられていなかったという印象でした。

　記録は基本的にはパソコンなりノートなりで取ることになるでしょう。以前は「パソコンで記録するのは失礼」という意見もあったようですが，今では少数派だと思います。

　録音の可否については，今でも意見の分かれるところです。特にリモートのミーティングだと録音録画が容易なので，かなり浸透しているように思います。しかし，対面で録音をされることにはまだ抵抗のある人も多いので，必要性を考えて柔軟に判断するべきです。

　録音をしたいのであれば「欠席者との共有」，「事後に再確認で聞きなおすことで相手の手間を取ることを避ける」などの理由を伝えることが望ましいです。また，録音をされたくないと思われるところでは録音を止めるなどの工夫も考えられます。

(6)　話がかみ合わない時は？

　ヒアリングを行っていると，時としてどうにも話がかみ合わない，こちらの聞きたいことに答えてくれない，辻褄が合わないということが起こります。相手方の主な原因として想定されるのは以下のような点です。

- ●こちらの質問の意図が理解されていない。
- ●こちらが聞きたい内容についての知識が乏しい。
- ●何らかの理由で本音を話していない。

　こうした場合，無理にこちらの求める情報を話してもらおうとするより，一度引き下がって，データ等を再確認したり，別の人にヒアリングをしたり，その場を保留して周辺領域の監査を先に進めてから戻るなどの柔軟な対応を検討するべきでしょう。特に，相手に知識が乏しいのに，無理に答えているケースは意外に多いので，無理せず一度引くのはとても重要です。

3　ウォークスルー

　ヒアリングでプロセスの概要を把握して，問題のなさそうな内容だとしても，それで安心してはいけません。実際に規程や説明のとおりに実務が運用されていることを確認しましょう。

(1)　ヒアリングの次のステップ

　前節でヒアリングについて述べましたが，重要な点，リスクのある点については監査はヒアリングだけでは終わらず，その話が本当かを資料や証憑で確認するというステップに進みます。会社のプロセスがヒアリング内容や規程，業務記述書などに沿って行われているかを，サンプルを1つ取り出して実際に確認することをウォークスルーと呼びます。実際に歩いて通ってみるというイメージです。

(2)　ウォークスルーの具体例

　具体的なプロセスを例に，ウォークスルーをどう進めるかを右表で見ていきましょう。新規の取引先と取引を開始する場合のケースです。
　「ステップ」の列はヒアリングや会社の文書などをベースに把握したプロセスを記入していきます。
　「ウォークスルーで確認するエビデンス」列にそれぞれのステップで使われている文書等を記載しています。ある取引について一気通貫で見るように，これらのエビデンスを集めてフローを確認していきます。
　「監査で注意すべき事項」の列には，ただドキュメントを漫然と集めるのではなく，どういった点に注意して見ていくべきかを記載しています。この部分は，監査の経験を積んでいかないとなかなかポイントが見えてこない点です。内部監査の初心者でしたら，左の2列の情報が整理できた段

第3章　現場で監査を実施する　55

階で，上司などに相談してチェックすべきポイントを理解することも有用です。

ステップ	ウォークスルーで確認するエビデンス（例）	監査で注意すべき事項(例)
営業部門で新規取引先申請書および契約書ドラフトを作成し，営業部長の承認を得る	部長が承認している新規取引先申請書	申請書に必要な事項が誤りなく記入されたうえで承認が行われているか？
法務部門に新規取引先申請書および契約書ドラフトを回付	法務担当に回付したメール	適時に適切な担当者に回付されているか？
法務部門が，契約書ドラフトの内容の妥当性および反社会的勢力に該当しないことを確認	反社会的勢力に該当しないことのチェック状況	反社チェックが適切に行われているか，会社の標準契約ひな型がある場合にはそれが使われているか？
法務部門から財務部門に回付	財務部門に回付したメール	適時に適切な担当者に回付されているか？
財務部門が信用調査を実施し，取引開始可能な財務状況であることを確認し，信用限度額を決定し，取引先マスターを作成する	信用調査票	信用調査の方法は適切か？取引先マスターは営業部門が独自に変更できないようになっているか？
財務部門マネジャーから営業部門に，財務部門および法務部門の承認および信用限度額を伝達	営業部門に回付したメール	適時に適切な担当者に必要な情報が連絡されているか？
営業部門にて契約書を作成		法務部の見解と相違ないか？
営業部門と顧客で売買基本契約を締結	顧客および自社の押印済の契約書	適切な権限者が押印しているか？取引開始前に契約が結ばれているか？

(3)　ウォークスルーとJ-SOX

　ウォークスルーは第1章で解説したJ-SOX業務で実はよく使われる用語です。以下の3点セットのうち，特に業務記述書やフローチャートと実際の業務に使われている文書を突き合わせて，状況を確認する作業です。したがって，内部監査の対象とするプロセスの中に，J-SOXで検証済のもの

が含まれる可能性がありますので，J-SOX担当にその点を確認することも有用です。

　ただし，J-SOXで見ているからOKで内部監査は省略というアプローチは危険です。残念ながらJ-SOXでの確認が形骸化しており，新しいプロセスに対応せずに放置されているケースもありえますので，内部監査においては最新の状況を自ら確認することが求められます。

（再掲）J-SOX 3 点セット

業務記述書

フローチャート

リスク・コントロール・マトリクス（RCM）

4 サンプリング

　ウォークスルーでプロセスそのものは問題なく整備されていることが確認できたら，次は複数のケースをチェックして，本当にそのプロセスがいつでも機能しているかを確認します。通常，過去の処理や取引すべてを確認することは困難なので，いくつかのサンプルを取り出してチェックすることで「おおむね大丈夫だろう」と判断する手法をとります。

(1) サンプリングとは

　監査におけるサンプリングとは，母集団から一部の項目を抽出することです。たとえば，前述のウォークスルーの例で出した新規取引先との取引開始のプロセスを確認するとして，会社設立以来，年間数百件の取引があったとしたら，そのすべてを確認していたらそれだけで監査期間が終わってしまいます。そこでまず，期間をたとえば過去1年といった具合に限定します。次に，1年間に行われた取引リストを入手して，その中から実際の書類に遡って確認するものを選びます。これがサンプリングです。
　サンプリングを行う場合に最低限決めなければいけないのは，①何件のサンプルを，②どうやって選ぶかです。
　まず，①何件のサンプルを取るかについては，主に会計監査やJ-SOXの領域では，統計学の専門的な知見を活かしてサンプル件数を決定する手法が採用されています。
　次に，②どうやって選ぶかについては，大きく分けて「無作為抽出」か「恣意的抽出」です。

(2) 何件のサンプルを取るか

　サンプル件数の決定方法は，会計監査やJ-SOXの領域では統計的な手法

を用いて決定することが一般的です。ただ，ここでは統計学的背景の詳細は省略します。

　もっともよく見かけるのは，経常的に行われる（1日1回以上）の取引に対して25件のテストを行うというものですが，これは乱暴に言ってしまうと，25件テストして1つも問題がなければおおむね90％の信頼度があるので，「まぁよかろう」と判断しているということです。しかし，そもそも「90％の信頼度」で良いという論理的な根拠があるわけではないので，実務慣行として定着していると理解しましょう。

　監査法人等による会計監査は，基本的に監査基準等で定められた手続をすべて実施することが求められており，そのために工数が増加しても会社はそれを受け入れなければならないのが原則です。しかし，内部監査部門の人数は会社によりバラバラで，「リソースの範囲で見る」という大きな制約がありますから，会計監査の手法を鵜呑みにしては破綻しかねません。

　実務的には，プロセスをウォークスルーで確認した後の追加的な確認は，10件程度見ておけばまずは十分という感覚が本音のところでしょう。説明されたプロセスがきちんと回っていなければ，10件も見ればたいていはエラーが出てくるものです。なお，すでに内部監査部門が統計学に基づいた厳密なサンプル件数決定の方法を用いている場合には，そちらに従いましょう。

(3)　どうやってサンプルを選ぶか

　サンプルの選び方についても理論的には色々な分類があります。大別すると，取引の性質などを考慮せずに機械的にランダムに選ぶ「無作為抽出」と，監査人が「これは大きな取引なので見たほうが良さそうだな」「この人のチェックは甘そうだから重点的に見よう」などの判断を交えて意思を持って選ぶ「恣意的抽出」に分かれます。

　統計学的手法を適用する場合は，上述のサンプル件数の決定と併せて「無作為抽出」が求められます。しかし，限られたリソースでできるだけ重要な問題がないことをカバーしたい内部監査では，「恣意的抽出」のほうが望ましいことも多いと思われます。

5 リモート監査と観察

　2020年から世界に大きな混乱をもたらした新型コロナウイルスの流行は，内部監査の手法にも大きな変化をもたらしました。現場で人と話したり実物やプロセスを見るという手法が主流であったのが，Web会議などを利用してのリモート監査と併用されるようになりました。

(1) リモート監査のメリット

　現場への訪問を伴わず，基本的にWeb会議やメールなどのやり取りで進めていく監査をここではリモート監査と呼びます。リモート監査のメリットは以下のとおりです。

① 対面でないので感染症リスクがない。
② 移動や宿泊の金銭的・時間的コストがかからない。
③ やり取りの多くがメールやWeb会議なので記録が残りやすい。

　①と②は監査の質を上げるうえでは必ずしもメリットとは言えませんが，③についてはたとえば海外相手で英語の会議の場合には，Web会議で字幕機能を使えば語学力不足をかなりの程度補えますし，AIの同時通訳による字幕を出せる日もそう遠くないでしょう。また，目の前で録音機を出しての録音と比べて，Web会議での録画には心理的抵抗は少ないように思います。

(2) リモート監査のデメリット

　内部監査は業務の実態を見て問題点を把握しなければならないので，どうしても情報の量が減るリモート監査は以下のようなデメリットがあります。

① 実査や観察などの重要な監査手続に制約が生じる。

② ファイリングしてある文書の閲覧が難しい。

③ 役職以外での部署のキーパーソンの把握が難しい。

④ 業務のプロセスなどをその場で書き出して確認することが難しい。

⑤ Web会議ではカメラオフでは表情などの反応を見ることができない。

　リモート監査で十分な監査が実施できればそれに越したことはないのですが，なかなかそうはいかないことはおわかりいただけるでしょう。

(3)　観察で特に見ておくべき事項

　リモート監査の弱点として実査や観察が難しくなることを最初に挙げました。実査は実際のカウントができないので難しいというのは理解しやすいと思いますが，観察で注意して見ておくべき事項の例を以下に列挙しておきます。ポイントを理解しておけば，全面リモートではないにしても現場に行く人数を減らして対応する場合などに有用です。

●**工場などの製造現場**
- ●指差確認の徹底や歩行区域の明示などの安全対策の状況
- ●材料受入や製品の出荷の情報が物流と連動していることの確認
- ●製造設備の実在性や機器番号の附番などの管理状況

●**倉庫等**
- ●棚卸資産の管理状況
- ●棚卸除外品の有無
- ●可燃物の管理などの防火対策
- ●在庫の受払の情報が物流と連動していることの確認

●**支社・支店等**
- ●入退出記録や機密情報の物理的な管理状況
- ●共有PCなどIT機器の管理状況

6 監査調書

　監査調書とは，監査計画，実施した監査手続の目的や発見した問題点，結論などを記載した監査を通じて作成・保存される文書全般のことです。この中で，特に実務で問題になりやすいのが，実際に行った監査の手続などを記録したものです。以下ではこれを狭義の監査調書として，作成時の注意点等を説明します。

(1) 監査調書を作成するうえで最も重要なこと

　監査調書は理論上は「完全性，秩序性，明瞭性，正確性および経済性」が必要などと言われています。一方で，実務上最も大事なのは，後述する内部監査報告書に記載する**指摘事項の内容が正しいことを後からでもきちんと説明できるようにしておくこと**です。この部分がゆらいでは，監査の指摘事項に対して反論があったときにきちんと議論し納得してもらうことができず，内部監査に対する信頼性も崩壊します。

　指摘事項となっているものについては，ヒアリングだけで済まさずに確信が持てるだけの証拠を収集し，その結果として問題があるので指摘する，というスタンスを崩さないことです。

(2) 監査調書の様式

　前項では，指摘事項に関連する部分の証拠をきちんと残すことの実務上の重要性を述べましたが，監査調書には監査の過程で入手した情報や，実施した監査手続の詳細を極力記録することが求められます。その様式に定めはありませんが，よく用いられる様式を紹介しておきます。

① **背景情報，目的，実施した手続，結果，結論を記していくスタイル**

　監査プログラムから切り分けて各種情報を記載し，監査プログラムとの関連性はリファレンスを振るなどして示すスタイルです。

〈監査調書の例〉

> 新規取引先との契約プロセスの検証
>
> 〈背景〉
> Ａ事業部はxx社の顧客を有しており，年間xx社程度の新規契約を行っている。新規契約時には会社所定の様式に従って新規顧客申請書および契約書のドラフトを作成し，財務部門および法務部門に回付，必要な承認を得たうえで契約書を完成させ，顧客と契約を締結したうえで取引を開始している。
>
> 〈目的〉
> 新規取引先との契約が社内のルールに従って適切に実施されていることを確認する。
>
> 〈手続および結果〉
> 20xx年度のＡ事業部の新規契約先xx件から，同年度の取引高上位xx件を選択し，必要な文書が適切に作成され，事業部・財務部門・法務部門にてレビュー・承認されていることを確認する。
>
> | 取引先名 | 文書作成 | 事業部承認 | 財務部承認 | 法務部承認 |
> |---|---|---|---|---|
> | Ｘ社 | OK | OK | OK | OK |
> | Ｙ社 | OK | OK | OK | ＊1 |
> | ……… | ……… | ……… | ……… | ……… |
>
> 〈結論〉
> ＊1　Ｙ社との新規契約について，契約書に必要な文言が含まれていないという法務の指摘にもかかわらず，修正されないままに契約書が完成されていた。→　指摘事項とする。その他は問題は発見されなかった

② **監査プログラムと一体化させたスタイル**

　監査プログラムの横に，実際に実施した手続やその結果としての検出事項などを書いていくスタイルです。表が横に伸びやすいので，作成にはExcelなどを使うことが多いでしょう。

　長所としては監査プログラムとの網羅性や関連性が把握しやすいこと，

短所としてはヒアリングなどから得た文字情報を多くは記入しにくいこと，監査の過程で入手した資料等の保存や関連性の記録が難しいことなどが挙げられます。

〈監査調書の例〉

販売計画の検証

	監査手続	担当	完了日	確認内容	結果
1	会社が対外的に公表している業績予測や予算と，営業部門の作成している予算を対比し，相互に矛盾や大きな乖離がないことを確認する。	佐藤	12/9	20x1年度の社内予算と，年度末に対外的に公表している業績予測および中期計画の対比を行った。	社内予算と対外的な決算報告にギャップがあり，どちらを会社としての目標とするかのコンセンサスが得られていない。指摘事項とする。
2	毎月，毎四半期，毎年度の予算と実績の対比を行い，大きな乖離がある場合にはその原因を把握する。	佐藤	12/9	20x1年度の日次，四半期，年度の予算と実績を入手し，乖離については適切な原因分析が行われていることを確かめた。	問題なし
3	予算と実績の乖離が非常に少ない場合には，月末，四半期末の数日間の売上傾向や販売先を確認し，異常な操作の形跡がないことを確認する。	佐藤	12/9	同上	問題なし

Column③

監査法人の職階

　三様監査の担い手である監査法人と内部監査部門は，J-SOX関連では緊密なコミュニケーションが必要となりますし，それ以外においても相互に情報共有や連携を行いたいものです。そのためには監査法人の職階を理解しておくことも有用です。

　下図は監査法人の職階を示したものです。名刺の肩書と少し異なりますが，大手監査法人はいずれも大きく分けるとこのような形になっています。監査法人は株式会社ではなく，パートナーが出資を行いながら運営も行っているので「所有と経営が一致」していると言えます。そのため，パートナーのことを「一般企業の役員に相当」と説明することがありますが，大手監査法人に在籍する6,000名程度のうち600人近くがパートナーですので，その説明は半分正しく，半分誤っているでしょう。実態としては大手企業の課長級〜役員までが広くパートナーという肩書に含まれていると理解するほうが無難です。

　各社の監査業務には確かにパートナーが責任を負っていますが，法人内で別のパートナーが「審査」を行う制度があり，特に重要な案件については大がかりな「本部審査会」の審査が必要になることもあります。各パートナーもこの審査をパスしなければ監査意見が出せないため，監査法人の担当者に口頭でOKをもらっても，審査が終わるまでは覆される可能性があります。

代表社員	肩書は「パートナー」。大手監査法人で30名程度
社員	肩書は「パートナー」。入所15年目以降くらい 法人内ではこの中にもランクあり 大手監査法人で500名程度
管理職 7〜20年目	肩書は「シニアマネジャー」「マネジャー」
非管理職 1〜10年目	肩書は「公認会計士試験合格者」「シニア」 「アシスタントマネジャー」など

第 **4** 章

内部監査報告書を
作成する

●**本章のポイント**●
内部監査の結果や指摘事項を取りまとめた内
部監査報告書は内部監査の重要な成果物で，
この出来栄えが内部監査の社内での価値を決
めるとさえ言えます。作成にあたっての基本
的な留意点と，よりバリューのある報告書作
成の手法を解説します。

1 「内部監査報告書」とは

　1つの内部監査が終了したら，その結果を文書で報告する必要がありま
す。これを「監査報告書」あるいは「内部監査報告書」などと呼びます。
内部監査報告書は，内部監査の結果を関係者に伝達する極めて重要な文書
です。本章ではその作成にあたっての注意点などを解説していきます。

(1)　会計監査における「監査報告書」との違い

　内部監査の結果を監査ごとに取りまとめた報告書のことを「監査報告
書」と呼んでいる会社も多いと思います。監査法人が会計監査を行った結
果を報告する文書も「独立監査人の監査報告書」という名称であり，こち
らとの混同を避けるために，本書では「内部監査報告書」という用語を用
います。

　監査法人の「独立監査人の監査報告書」は「監査上の主要な検討事項」
（Key Audit Matter，KAMと略称）の部分を除けば，多くの場合どこの会社
に対するものも定型的な文言で構成されており，監査の過程で発見された
問題点などを詳細に説明するケースは稀です。会社の財政状態などに大き
な問題がある場合には色々と例外的な扱いはありますが，ここでは詳細は
割愛します。

　一方，**「内部監査報告書」の肝は，内部監査の過程で発見された問題点
の指摘とその改善の方向性を示すことです。**同じ監査報告書という名前で
も，その内容に大きな相違があることを知っておきましょう。

(2)　内部監査報告書の基本的な構成

　内部監査報告書の記載内容としては，一般的に「監査の概要」，「監査結
果（総合意見）」，「個別指摘事項」が含まれます。さらに，「指摘事項サマ

第4章　内部監査報告書を作成する　67

リー」と「配布先リスト（監査報告書を誰に配布したかの一覧）」などを含めるケースもあります。報告書の表紙は，たとえば以下のような形です。なお，内部監査報告書の本丸ともいえる個別の指摘事項については次節以降で詳細に解説します。

〈内部監査報告書の表紙例〉

20xx年 x 月 x 日

株式会社　×××

取締役　×××　殿

内部監査部長　×××

内部監査報告書

　20xx年 x 月〜 x 月に実施したxx部門に対する内部監査の結果を下記のとおり報告します。

記

監査の概要

1．監査対象	監査対象部門：××× 監査対象業務：×××
2．監査実施日	20xx年 x 月 x 日〜 x 月 x 日
3．監査担当者	×××，×××，×××
4．監査目的	×××に関連する業務が，法令及び社内規程等に従って，適正かつ効率的に遂行されているかを検証する。
5．監査項目	●管理概況 ●××× ●×××

監査結果

私たちは×××に対して上記の監査項目に記載された事項の監査を実施した。結果，同社の業務及び内部統制について重要な問題点は発見されなかったが，以下の指摘事項が発見された。

指摘事項サマリー

No.	監査項目	重要度	タイトル
1	人事管理	H	有給休暇取得日数の法的要件未達成
2	経理財務	M	延滞債権管理体制が不十分

(3) 監査結果（総合意見）

　詳細な指摘事項の説明の前に，監査を行った結果として，全体として被監査部署の状況がどうであったかの内部監査部門からの結論を「監査結果」，「監査意見（総合意見）」などと呼びます。前項の例だと「業務及び内部統制について重要な問題は発見されなかったが…」となっています。これを見て，少し奥歯にものが挟まったような表現と思われた方もいるかもしれません。しかし，監査が限られた人員と時間の中で，部分的な検証のみを行っていることから，こういった限定を示しておく必要があるのです。

　なお，重篤な指摘事項が多数存在している場合，「××と××について重要な指摘事項が存在し，同部門の業務は全体として法令および社内規程等に従って適正に行われているとは言えなかった。指摘事項の詳細は以下のとおりである。」といった表現を用いることが考えられます。

　どの程度大きな問題が発見されたら「適正に行われているとは言えなかった」といった表現を用いるかは，判断が難しいところですが，内部監査部門として経験を重ねて，大きな判断のブレが出ないような形に発展させていきたいところです。

(4) 内部監査部門に配属されたばかりの人へ

　第1章でも述べたとおり，内部監査部門に配属されて日の浅い方は，過去の自社の内部監査報告書にある程度目を通してみましょう。会社によっては，監査結果（総合意見）に実施した監査の所見などを長文で記載しているケースや，指摘事項がほとんどなかったり，逆に非常に細かい指摘を大量に出していたりと，様々なケースが考えられます。

　内部監査報告書は，会社のプロセスの改善に資することが重要な目的なので，**改善につながらない所見や，過度に細かい指摘（下位者の認印押印漏れなど）に多くのスペースを費やすことはあまり望ましいとは言えません**。しかし，そういった実務をいきなり止めて新しい形に変えようとしても，内部監査部門の内外からの反発などですぐに変えるのは難しいことも

あるでしょう。そういった場合，可能な部分から変えていくというスタンスで焦らず長期的に改善に努めましょう。

(5)　発展　IIAによる内部監査報告書作成時の留意点等

2024年1月にIIAにより公表された "Global Internal Audit Standards"（グローバル内部監査基準）によれば，監査の最終段階でのコミュニケーションに含まれる事項として以下の内容が列挙されています。

- ●監査の目的，範囲，推奨事項もしくは改善計画，結論
- ●指摘事項とその重要度および優先度
- ●もし範囲に制約があった場合にはその点についての説明
- ●レビューを行った業務のガバナンス，リスクマネジメントおよびコントロールプロセスの有効性についての結論
- ●指摘事項を解消する責任者の名前および解消する期限

これから内部監査報告書を作り上げていく必要がある場合や，記載内容の変更を検討している場合には，IIAの指針を参考にすると良いでしょう。繰り返しになりますが，強制力はないものの，アメリカを中心にIIAの指針には一定の影響力がありますので，グローバルにビジネスを展開している企業であれば，これに近い形の内部監査報告書を作成しているところが多いと想定されます。

また，報告を行う際の要件として，グローバル内部監査基準では「正確，客観的，明確，簡潔，建設的，完全かつ適時」なものでなければならないとも述べられています。重なり合う要件もありますが，事実に基づいた正確な記述であること，一方的な批判ではなく，どのように改善するかに重きを置くことに注意して内部監査報告書を作成するべきでしょう。

いわゆるチェックリスト方式で結果報告を行うケースもあると思いますが，内部監査報告書は改善に向けてのコミュニケーションツールであり，内部監査部門の働きを示す最大の成果物でもあります。ぜひ長文式の報告書の作成に挑んでいただきたいと思います。

2 指摘事項の基本構成

　前節では内部監査報告書の構成について解説しました。内部監査報告書の中核は，監査の過程で発見された問題点を指摘事項として記載するとともに，その改善への道筋を明らかにすることです。

(1) 何を指摘するべきか

　「監査の過程で発見された問題点」とはどういうものでしょうか？　一般的に，監査プログラムは「××であることを確かめる。」と記載されていることが多いので，「××」であることが確かめられない，「××」でないことが明らかであることが指摘事項となってきます。

　もう少し具体的に考えると，以下のいずれかに該当する場合に，指摘を行うべきかを検討することになります。

　　①　国などが定めている法令に違反している。
　　②　会社の規程などのルールに違反している。
　　③　会社の統制が不十分で放置すると大きな問題に発展しうる。
　　④　業務が効率的に行われていない，経済合理性がない。

　事象にもよりますが，①，②は比較的指摘しやすく，③，④は被監査部署に聞き入れてもらうためには慎重な検討とコミュニケーションが必要となってくる傾向があります。

(2) 指摘事項の報告書上の基本構成

　次に示しているのは，個別の指摘事項を報告書の形にした場合の例になります。

No. 1	
重要度	H
監査項目	人事管理
発見事項	有給休暇取得日数の法的要件未達成

【現状／事実関係】

　会社は2019年4月の労働基準法改正に伴い，法定の年次有給休暇付与日数が10日以上の全ての労働者に対し，毎年5日，年次有給休暇を取得させる必要がある。

　しかしながら，現在のシステムの仕様では，法的要件を現時点で未達成の従業員の一覧を出力する機能が備わっておらず，実際に取得が行われたかのモニタリングも実施されておらず，最終的な法令遵守の状況について確認は行われていない。

　私たちは10名の従業員について任意に選択し，有給休暇の取得状況について検証を行った結果，1名が法的要件を満たしていないことを確認した。

　労働基準法では，適切な運用のために年次有給休暇管理簿の作成と3年間の保存を求めるとともに，未取得者がいた場合，1名につき30万円以下の罰金という罰則が設けられている。

【リスク】

　官庁等からの検査により法令違反の罰則を受ける可能性がある。また，官庁等の検査に対して取得状況のデータが適切に提供できない可能性がある。

　有給休暇を適切に消化できないことにより，従業員の健康管理上の問題が生じる可能性がある。

【内部監査からの改善提案】

　適時のモニタリングや官庁等からの検査に適切に対応可能なデータの抽出を行えるようにシステム改修の対応を検討・実施する。

　従業員に対しての注意喚起メッセージを送信するタイミングを早期化するとともに，本人のみならず上司にも同様の情報を提供する。

【被監査部署によるアクションプラン】

　労務管理システムの改修を行い，従業員の有給休暇取得状況を一括で把握可能にする。

　法定要件を満たしていない従業員には3カ月前から本人と上司に注意喚起メッセージを送信すると同時に，休暇取得予定日の提出を要求する。

【改善責任者】

人事労務課長　×野×郎

【改善完了期日】

20xx年x月x日

(3) 指摘事項の「重要度」について

　指摘事項については，リスク（その内容の深刻さ）に応じて重要度を分ける方法がしばしば採用されます。内部監査の指摘事項は，会社の財産や風評に大きなダメージを与えうる深刻なものから，"nice to have" すなわち緊急性はないが，余裕があればよりよい内部統制の定着のために改善することを検討してほしいといった軽微なものまで，大きな幅があります。

　重要度の段階分けについては，３段階程度が実用的です。それ以上分けても，段階を１つ上げ下げするのに費やす議論の時間のほうがもったいないでしょう。下記は段階分けの一例です。細かい話ですが，一番リスクが低いものを「Low」とすると本当にどうでもよいような印象を与えてしまうので，「Observation」という用語にしたのがちょっとした工夫です。

重要度	
High（H）	経営／財務／業務および企業イメージに深刻な影響を与えうる。 マネジメントは原則として３カ月以内に対応を行う必要がある。
Medium（M）	経営／財務／業務および企業イメージに影響を与えうる。 マネジメントは適正なスケジュールで対策を講じる必要がある。
Observation（O）	早急の対応は求められないが，環境の変化等に応じて将来的に対応を検討する余地がある。

　会計監査の場合，通常は金額のインパクトを重視しますが，内部監査の指摘の場合は質的重要性により重きを置いて考えざるをえない場面が多いでしょう。極端な例ですが，「取締役会が法令および定款に定められた頻度で開催されていなかった」という事象があれば，金額的なインパクトは０円かもしれませんが，質的には極めて重要な指摘となるでしょう。

　また，法規制に抵触する場合には機械的にHighとする運用も見たことがあります。しかし，労働基準法関連の36協定に関連する重篤とはいえない違反がすべてHighになってしまうなど，ミスリーディングとなる可能性もあります。

第4章　内部監査報告書を作成する　73

　IIAもリスクの影響と発生可能性，リスクに対する組織の許容度などを考慮して内部監査部門長が判断するべきという見解のようです。ただ，これだと内部監査部門の責任者の考え方でかなり重要度の判定がぶれる可能性は否定できません。**内部監査部門としては経験を蓄積し，過去のケースとの整合性も考えたうえで，人事異動などがあっても大きなブレを生じさせない努力が必要**です。

(4)　「現状／事実関係」記載時の注意事項

　この欄では，監査の結果として発見された問題点のうち，事実や背景情報を記載します。必要に応じて，内部監査で実施した手続の概要を記載することもあります。上記(2)の例では，10名の従業員について検証を行い，1名について法的要件を満たしていないことが記載されています。しかし，こうした記載はあくまで，「実際に問題が起きていますよ」という補足が目的であり，必ずしも詳細な説明をするとは限りません。

　上記のケースで何といっても問題なのは，「実際に（有給休暇の）取得が行われたかのモニタリングも実施されておらず，最終的な法令遵守の状況について確認は行われていない（なので，モニタリングや確認を行うべき）。」という点です。10名の検証を行った結果の記載はあくまで「現に漏れが存在しているので，速やかに対応してほしい」という補完情報なのです。**仮に，検証を行った結果，今回は問題となるケースが発見されなかったとしても，だからOKではなく，改善へのトーンやスピード感などは変わっても，指摘すべきであることには変わりない**ことに注意してください。

　また，この欄ではあくまで事実に則した内容のみを記載すべきで，特に監査人の感情の入った「許されないことである」，「認めがたい××である」などの表現は避けるようにしましょう。

(5)　「リスク」記載時の注意事項

　「リスク」は，指摘事項が修正されないままだとどのような不都合が会

社として生じうるかという，経営者側からすれば大変重要な項目です。しかし，指摘する内部監査部門側としては，時にかなり書きづらいことがある難しい項目でもあります。

　上記の例のように法令の要求事項や罰則まで定められている場合は比較的容易ですが，社内ルールの違反の場合，「違反だからとにかく直してください」と言うだけでは，やや説得力に欠けます。指摘事項が本当に意味のあるものかどうかが問われるのがこの「リスク」の記載になります。

　社内ルールには違反しているが，実質的なリスクがどうしても認められない場合は，その社内ルールの変更を改善の方向性として示すことも考えられます。もちろん，監査側があまり緩める話ばかりをするのは適切ではありませんが，時には不合理だったり実態に合わないルールの修正や撤廃を求めることも考慮するべきです。

　典型的なリスクをいくつか挙げておきますので，迷ったときにはまずはこれらに該当するかを検討してみてください。

- 法令違反により処罰を受ける可能性がある。
- 適正な財務報告が行えない可能性がある。
- 災害発生時に人的・物的損失が大きくなる可能性がある。
- 不必要・不適切な支出を招き，会社の資産を失う可能性がある。
- 情報が漏洩し，利害関係者に損害を与える可能性がある。
- 不適切な行動の容認が，健全な組織風土の維持にマイナスとなる可能性がある。
- 外部に公表した場合，会社の名誉が毀損される可能性がある。
- 必要以上の労力を投じ，リソースの適正配分を阻害する可能性がある。

(6)　「内部監査からの改善提案」記載時の注意事項

　会社によっては，報告書では問題点を指摘して，「改善が望まれる。」などと書いて，あとは被監査部署からの改善提案のみという形式もあるかと思います。しかし，改善の方向性を被監査部署とすり合わせて適切な改善

第4章　内部監査報告書を作成する　75

を進めるという観点からは，内部監査側からの改善提案の記載は有意義です。改善提案の留意点としては，以下のようなことが挙げられます。

- ●リスクに適合している。
- ●具体的なアクションを記載する。
- ●修正が行われた後に確認できるようなエビデンスが出るアクションとする。

(7)　「被監査部署によるアクションプラン」等記載時の注意事項

　内部監査からの改善提案に応じる形で，被監査部署に，実際に実行するアクションプランを提出してもらい，記載します。指摘事項の「被監査部署によるアクションプラン」以下の部分をブランクにして被監査部署と共有し，実際に記入してもらうという方法でも良いでしょう。

　アクションプランは，改善提案をより具体的な実行できる形に落とし込んだ内容である必要があります。上記の例であれば，「早期化すべき」という内部監査からの提案に対し「3カ月以内」という具体的な期限を示し，さらに実効性を高めるために，「休暇取得予定日の提出を要求」という，**より掘り下げて実効性の高いアクションを行うことを，被監査部署自らに宣誓させています。**

　ここでも当然ながら，実際に改善が行われたことのフォローアップを見据えて，具体的なエビデンスが生じるようなアクションを記載してもらうことが重要です。

　「責任者」は必ずしも被監査部署のトップでなくても構いませんが，最低でも管理職としている会社が多いと思います。また，「期日」についてはなるべく早くしてもらいたいところですが，結局できませんでした，という事態も困るので，被監査部署の納得感のある期限設定を行い，ここに書いた期限をオーバーしないように，改善が終了するまではモニタリングを続ける必要があります。

3 経営者にインパクトを与える指摘事項の書き方

　良い指摘事項を内部監査報告書に記載して，現場に改善を求めるとともに，内部監査の結果を経営陣に報告するのは，内部監査の華といえる重要な業務ですが，ここで報告内容が型通りのインパクトに乏しいものでは，せっかくの報告も台無しです。ここでは，経営者にインパクトを与える指摘事項の見つけ方・書き方について説明します。

(1)　なぜ指摘事項を重視するのか？

　内部監査という仕事において最も重要なことは，良い指摘事項を数多く出すことだと筆者は考えています。良い指摘事項を出さないと，内部監査部門が存在する価値が，経営陣になかなか認識されません。

　特に，日系企業の大半は必ずしも内部監査部門に十分なリソースが割り当てられているわけではなく，J-SOX導入時にとりあえず部署ができましたとか，上場準備のために証券会社や証券取引所に指摘されたので仕方なく設置しましたといった会社も多いと思います。こういった状況で，**内部監査部門を引き続き維持し，コーポレートガバナンスの中で重要な役割を担っていこうとしたら，まずはその存在意義を経営陣に認めてもらう必要があります。**

　しかし，社長をはじめとする経営陣や上級管理職の方を監査報告会にお呼びして，「25件のテストを実施して1件，承認印漏れがありました，今後改善してください」という話ばかりでは，プレゼンスの向上や，リソースの増加など望むべくもありません。

　内部監査部門というのは，企業が絶対に持たなければいけない必需品ではなく，より良い会社になっていくための「上級材」，「ぜいたく品」なので，ある程度以上のアウトプットが出せないようなら，存在する意味が乏

しいのです。したがって，良い監査指摘を出して，経営陣にその価値を認めてもらうことは内部監査部門の最重要事項と考えられるのです。

(2)　良い指摘事項とは

　良い監査指摘とはどのようなものでしょうか？　まずは，経営者や上級管理職の人たちが関心を持ち，積極的に改善に取り組む指摘こそ，良い指摘と言えます。

　では，具体的にはどういった指摘になら，関心を持ってもらえるのでしょうか？　当然かもしれませんが，売上や利益にインパクトの出るものほど関心が高いです。ルールの遵守などの話は，重篤なもの以外は内部監査部門より管理部門全般（経理部，人事部，法務部など）がきちんと見てほしい，と考えている経営陣が多いように感じます。

　もちろん，ルールの遵守をまずはきちんと確認する必要がありますが，それだけではなかなか，多忙な経営陣の関心を惹くのは難しいので，もう一歩踏み込んでいきたいところです。

(3)　事象の深掘り

　良い指摘事項を出すためには，事象の深掘りが必要という言い方をすることが多いです。では，この「深掘り」とはどのような作業でしょうか？トヨタ生産方式には「なぜなぜ分析」と呼ばれる，問題が発生したときにその原因を「なぜ？　なぜ？」と5回詰めていくという手法がありますが，それに似た思考です。具体的な例を挙げて説明しましょう。

　「A事業部は売上も営業利益も予算をx期連続で下回っている」という事象があるとします。ここで「売上も営業利益も予算をx期連続で下回っている。改善が望まれる」というような監査指摘が結構多いのですが，これでは深掘りができているとはいえません。予算達成したいという思いは事業部の人たちのほうがよほど強いでしょうに，こんなことを内部監査人に言われても反発と軽蔑しか生まないでしょう。

では，どう深掘りしていけばよいでしょうか？　あくまで思考の例として，以下の例を見てみましょう。

●深掘りの例

⇒ Ａ事業部では新製品の販売予測が過大な傾向がある。過去 x 年の新製品 x 件中 x 件が予算未達。

⇒ 新製品の開発計画段階で想定している販売単価と，実際の販売単価にギャップがある。販売数量が予測を大幅に下回っているのが業績にマイナス。

⇒ 実際に生産してみると開発段階より原価が高くなってしまい，販売単価を高くせざるをえないが，それゆえ売上が伸びていない。

⇒ 開発段階での原価の見積りに，開発部門と経理部門の関与が小さく，過去の実績に基づいた不正確な見積りが常態化している。

⇒ **そもそも開発段階の原価の見積りを正確に行うために，関連部署の関与を求めるようにするべき。**

　いかがでしょうか。このくらい事象を深く掘っていけば，当該事業部の人も気づいていなかったり，あるいは意図的に目をそらしていた事象にたどり着くことも可能になってきます。

　言うは易しで，そう簡単にこのような深掘りができるようになるわけではありませんが，その分野に詳しい方の話を聞いたりしながら深掘りの端緒を見つけ出す努力を続けることが大事です。

(4)　多角的な検証

　1つの問題点が見つかったときに表面的なルール違反部分だけを取り上げても，深みのある指摘にならず，リスクが正確に認識されず，軽微な指摘と思われてしまう可能性があります。多角的な検証を行うことによって，様々なリスクを洗い出すことができれば，指摘された側やマネジメントの受け止め方も全く変わってくるでしょう。

　ここでも例を挙げて考えてみましょう。

第4章　内部監査報告書を作成する　79

●発見事項

> 　A事業部では，得意先に対する販促活動の一環として，売上高に応じてギフトカードを贈呈するというキャンペーンを行っているが，得意先から受領証を入手していないケースがあった。

　これをそのまま監査指摘として「受領証の入手を徹底するべき」で終わらせてしまった場合，読み手の本音は以下のようなものになりそうです。

●被監査部門の本音

> 　確かに。気をつけますよ，でも大した金額の話でもないし，そんなに騒ぐことかなぁ？

●マネジメントの本音

> 　ビジネスへの影響はなさそうだな，管理の問題か。

　しかし，ギフトカードを渡して引き換えに受領証をもらうという基本的な動作がおろそかになっている事業部で，そこまでのプロセスがきちんとルールに則っているかはかなり怪しいところです。
　ギフトカードを使用したキャンペーンのプロセスを細かく検証したら，以下のような事象が検出されたとしましょう。

●検出事項

> 　ギフトカード購入申請のうちx件を確認したところ，以下の事象が検出された。
> 1　関連する商品の販売キャンペーン終了後に，申請が行われていた（x件／x件中）。
> 2　キャンペーンの実施について特約店との間に公式な合意書が発見されなかった（x／x）。
> 3　ギフトカードの購入が，最終承認の前に行われていた（x／x）。

4　特約店の営業マンから，受領証を入手していなかった（ x / x ）。
　　5　還元額が売上高の x ％を超えていた。会社の規則では，売上の x ％を超えるリベートについては営業担当役員の承認が必要とされているが，ギフトカードによるプロモーションについては全社レベルの規則はなく，営業部長と販売部長の承認のみで足りることとしている（ x / x ）。

●**検出事項から想定されうるリスク**（番号は検出事項の番号と対応）

　　1　商品の販売キャンペーン終了後の販促活動は，売上の増加にプラスの影響を与えない。
　　2　第三者との間に公式な合意書がないことは，係争の原因となりうる。
　　3　適切な承認が行われる前の購入は不要な購入や会社の損失につながる可能性がある。
　　4　受領書の入手なしのギフトカードの引き渡しは，盗難のリスクにつながりうる。
　　5　ギフトカードによる販促活動の濫用は，リベートに関連する規則の抜け穴となりうる。

　これだけ問題があると言われれば，言われたほうも真剣にならざるをえません。様々な観点からのリスクが洗い出されており，特に1は，要するに無駄な販促費を取引先とのなれ合いで使っていたということにもなりかねず，マネジメントとしても看過できない話でしょう。次項で説明する，経済合理性の観点からも問題です。

(5)　経済合理性はあるのか？

　これは内部監査・会計監査に共通の話ですが，**ある取引の内容を聞いたときに「それって経済合理性があるのか？」というのは，まず考えなければなりません**。もちろん，得意先や仕入先などとの関係というのは複雑で，一見こちらが損をしているようでも長期的には利益につながることというのも多々あるので，難しい場合も多いですが，そういうケースでも長期的

第4章　内部監査報告書を作成する　81

に利益となる可能性がそれなりに高いのかは判断しないと，担当者からの
出まかせを信じてしまうことになります。簡単な例を挙げましょう。

●例

> A事業部では年間の売上高に応じて得意先にリベートを支払っている。
> リベートの率は下記のとおりである。
>
> | 年間売上高 | リベート率 |
> |---|---|
> | 0 円～50,000,000円 | 0 ％ |
> | 50,000,001円～100,000,000円 | 5 ％ |
> | 100,000,001円～ | 8 ％ |

　よく見かける仕組み（実際筆者も過去に複数社で見ました）ですが，これ
は問題があります。5千万円の売上ならリベートゼロなのに，売上が1円
増えたとたん250万円もリベートを払わなければならず，そのくらいなら
売上を抑えたほうが会社の収益としてはプラスです。これを防ぐためには，
5千万円を超えた部分に対してのみリベートを付けるようにすれば良いの
ですが，案外こんなずさんな施策があったりするので，内部監査としては
指摘をして，会社の利益の最大化に貢献するべきでしょう。

　これは単純な例ですが，「以前からやっているから」というだけで，経
済合理性のない取引を継続しているケースというのは，意外なほど多いも
のです。監査で指摘すると，上級管理職の方からは「そんなことやってい
るのか？」と驚かれ，取引先に改善を求めると「いつ言われるかと思って
いました。ご指摘のとおりです。来月からやめます。」というような話も
あります。

4 指摘事項のフォローアップ

　指摘事項に適切なアクションプランを出してもらい，さらにそれを期日までに完了してエビデンスを提出してもらうというのは，監査の本番が終わった後の作業だけに地味です。しかし，ここをきちんとしないと，せっかくの監査もやりっぱなしになり，いつまでも問題が改善せず，内部監査の意味もうすれてしまいます。

(1)　指摘事項に対する適切なアクションプランの作成

　適切な改善が行われるかは，まず被監査部署が実行可能かつ有効なアクションプランを出すことが重要です。たとえば，以下のような典型的な指摘に対して，どのようなアクションプランを出してもらうべきでしょうか。

> 　経費精算に不備があった（必要な証憑が添付されていない，経費と認められないものが精算されている，精算期日が守られていないなど）。

　最もありがちだけど最もダメなのは「規程を周知徹底する」というものです。被監査部署内にメール一斉送信で「監査から指摘を受けたので以後気をつけてください」とか，管理職の会議で一言伝えるなどで終わりになる可能性が高いですし，翌年同じ監査手続をすればおそらく同じ問題が検出されるでしょう。メールの送信履歴があればまだしもですが，「会議で触れました」では，エビデンスすら残りません。

　実効性を重視するなら，たとえば以下のような改善案が考えられます。

● 経理部門に経費精算ルールについての研修の実施を依頼し，全員の受講と確認テストを実施する。

第4章　内部監査報告書を作成する　83

- 通常は上長の承認のみとなっているが，総務課により一部の項目について再チェックを行い，不備があった場合には請求者および上司に事業部長から注意喚起を実施する。
- 経費精算システムに登録されていない費目の精算を原則不可能にするようにシステム改修を行う。

　もちろん内部統制は，運用のコストがその統制によって防止できるリスクを上回らないことが原則ですから，どこまでやるかはケースバイケースですが，**本当に改善しようと思えば，より具体性のあるアクションプランを作ってもらうべき**でしょう。

(2)　アクションプランの実施状況のフォローアップ

　まっとうなアクションプランを出してもらったら，いよいよフォローアップですが，要するにきちんと約束通りに改善案を実行して，そのエビデンスを内部監査部門にも提出してもらい，改善がなされたことが確認できれば良いわけです。しかし，これがなかなか難しい。

　監査期間が終わってしまえば，また通常業務に追われて改善対応まではなかなか手が回らないというのが本音でしょう。**内部監査部門側もきちんと追いかけないと，なかなかやってもらえません**が，指摘を受け入れる以上に実際に改善を行うほうが面倒なので，良い反応が得られない場合も多いと思います。この状況を防ぐための具体的な方策をいくつか挙げていきましょう。

①　監査部門内での改善案の期日管理を行う

　当然かもしれませんが，これが案外できていなかったりします。指摘事項と改善の期日のリストを作成しておき，改善期日の前月くらいからきちんと被監査部署に連絡を取り，改善を求めていきます。これは内部監査部長がきちんとリードすべき重要な職務です。**遅延を安易に認めず，できる限り期日内に完了させるというマインドを内部監査部員に持たせることが**

肝心です。

② 早期に対応できる部分は早めに改善確認を行う

　大きなアクションプランの場合，いくつかのステップを踏まなければ改善が完了しないことも多いでしょう。ステップごとにターゲットとなる期日を決めておき，こまめに被監査部署に改善状況を確認するようにすれば，忘れられて後回しにされることも少ないです。困難な改善対応を締切間近に慌ててやってもらう必要も減ります。

③ 期日を超過した場合には，上位層への報告を必須とする

　いわゆるエスカレーションという手法ですが，たとえば部長が責任者なのに期日までに改善が行われていなければ，役員，CFO，社長といった上位のマネジメントにその旨を連絡することをルール化します。これは監査のスタートのときや監査報告書発行の際に，きちんと伝えておく必要があります。たとえば，期日超過したらまずは担当役員，30日経過したらCFO，45日経過したら社長のような段階的なエスカレーションだと迫力があるでしょう。

④ 期日変更に必要な承認者を定めておく

　期日までに適切な改善を行うことは重要ですが，本当にやむをえない事情で対応しきれなくなることもありえます。そういった場合の対応方針をなあなあにせず，監査部長の承認のもと担当役員にも通知するなど，明確なルール化をしておくことで，安易な遅延防止と，本当にやむをえない場合の対処が可能になります。

⑤ 指摘事項のクローズ状況をマネジメントへの定期的な報告事項とする

　内部監査の状況については社長，取締役会，監査役会などに報告を行うケースが多いですが，その報告事項の中に，期日を超過している項目および進捗の概要を含めるようにします。エスカレーションとかぶる面もありますが，四半期ごと程度であれば定型的な報告事項に含めておくべきで

しょう。

⑥　内部監査報告書発行時に担当役員にサインオフを求める

　そもそも，監査指摘を受けての改善を役員レベルが重要な業務として認識して部下たちに指示を出すようになれば，遅延の可能性は大幅に減るはずです。役員レベルのコミットを得るために，監査報告書に，内容を受領し速やかに改善に努める旨の署名をもらうという方法も考えられます。

(3)　同じ指摘事項が再発することを防止する方策

　改善対応をしてもらっても，数年経って再度監査すると，同じような問題が再発することも珍しくありません。これも極力防ぐ方策を内部監査部門としては考えたいところです。

①　再発したものには，軽微なものであっても報告上の扱いを重くする

　内部監査の指摘事項は，その重要度に応じてランク付けをすることが望ましいですが，過去と同じ内容の指摘が同じ部署から出てしまった場合には，初回の場合より重要度が高いランクにすることが考えられます。あるいは，「再発」などのフラグを明確に立てるという方法もあります。

　筆者はあまり賛成はできないのですが，こうした再発の指摘を受けた場合には，責任者の人事考課に反映させるという実務を見たこともあります。

②　重要な指摘事項についてはフォローアップ目的の監査を行う

　監査リソースに余裕がある場合には，過去数年間の重要な指摘事項について，フォローアップ目的の監査を実施することも有効です。ただ，まっとうな組織であればきちんと対応済で，監査としては追加の指摘事項なしということになる可能性もあります。オフィシャルな監査ではなく，少しグレードを落とした監査活動として位置づけることも考えられます。

Column④

内部監査報告書の文章作成上の工夫

　内部監査報告書で指摘事項を書く際に筆者が気をつけている基本的な考え方です。

　まず，問題点について自分の感情を交えず，ルールに違反している部分や非効率な部分を客観的に書きます。たとえば，経費の不正利用があった場合に，「1人当たり数万円もする飲食代を経費として請求しており，これは許しがたいことである。」といった，感情がこもってしまっているような文章は避けましょう。こう言われると「こんなバカな文章書かないよ」と思うかもしれませんが，実際のケースに直面すると感情が先走ってしまい，これに近い書き方をしてしまうケースを実際に見てきました。淡々と，「××円以上の会食は××の承認が必要であると規程に定められているが，承認が行われていなかった。」と事実を記載すれば良いのです。

　次に，問題の重さに応じて改善の求め方のトーンを変えます。法令や会社のルールに違反しており，すぐに修正や対応が必要なものならば，「××する必要がある。」「××すべきである。」というように，判断の余地を残さない言い方が適切ですが，あくまで効率性の問題であったり，「こうしたほうが良い」というnice to haveの内容については，「××することが望ましい。」，「××を検討する余地がある。」といった，含みや判断の余地を残した表現が適切でしょう。

第 5 章

指摘事項が出やすい
領域の基礎知識

●本章のポイント●

内部監査の領域は広範囲にわたり，網羅的に
理解することは容易ではありません。しかし，
多くの会社に存在する部門で，典型的に問題
となりやすい事項というものも多々存在しま
す。本章ではそういった領域の基礎知識を学
んでいきます。

1 素手で監査に臨まないように

　第4章で，優れた監査指摘を出すことの内部監査部門にとっての重要性を説明しました。被監査部署の人たちも彼らの業務についてはプロですので，それなりにこちらも事前に情報を持って監査に臨まないと，なかなか良い監査指摘にはつながりません。本章では，背景や基礎的な知識を把握する方法，指摘が出がちなルールなどについて説明します。

(1)　過去の監査の内容を確認する

　過去の監査報告書を読んでおくことはこれまでにも推奨してきましたが，特に，同じ部署の監査を過去に行っている場合には，表に出てきている監査報告書の指摘事項だけでなく，**監査調書が残っているならばそちらにも目を通しておきましょう**。また，同じ部署ではなくても，たとえば工場の監査の場合で別の工場に最近行っているようであれば，その記録を見ることも有用です。

　もちろん，数年前の情報であったり，きちんと記録が残っていないこともあるかもしれませんが，なにがしかのヒントが残っていることもあるでしょう。逆に「もっとこういったことを記録しておいてくれれば助かったのに」ということがあったら，今回の監査ではそれを記録しておき，次回の監査に臨む人の助けになるように努めるべきでしょう。

(2)　会社のルールを確認する

　会社のルールの中でも，特に**被監査部署が所管している規程などは事前に入手して目を通しておきましょう**。最近改訂が行われていた場合は，特に注意が必要です。

　また，通常は，職務権限規程を見ておく必要があります。もし職務権限

第5章　指摘事項が出やすい領域の基礎知識　89

規程が作成されていなかったり，複数のものが存在してどれが有効なのか
がはっきりしないなどの状況の場合，それ自体がまず改善すべき事項とな
ります。

　その他では，経理関係，人事関係，情報セキュリティ関係などの規程も，
全くこれらが関係しない監査というのもよほどスコープを絞ったものでな
い限りは少ないと思うので，ある程度は見ておきたいところです。

(3)　AIに聞いてみる

　生成AIの進歩は目覚ましいものがあり，たいていの質問に対しては，
少なくともそれらしいことを回答してくれます。一例を挙げてみましょう。
以下はChatGPT3.5との実際の対話です。

You
初心者が内部監査に臨む際に注意すべき点を教えてください

ChatGPT
初心者が内部監査に臨む際には、以下のポイントに注意することが重要です:

1. **事前準備の重要性:** 内部監査を開始する前に、対象となる業務やプロセスについて十分に理解を深める必要があります。関連する文書や規程を熟読し、事前に十分な調査を行ってください。
2. **コミュニケーション能力:** 内部監査は他の部門や従業員との円滑なコミュニケーションが不可欠です。質問をする際や説明をする際には、明確かつ専門的なコミュニケーションが求められます。
3. **客観性と独立性:** 内部監査は客観的で独立した立場から行われるべきです。組織内の人間関係や利害関係者との適切な距離を保ち、オブジェクティブに業務を評価することが重要です。
4. **リスクの理解:** 内部監査では、リスクの評価が鍵となります。どのリスクが最も重要で、どのプロセスが最も脆弱かを理解し、それに基づいて監査プランを策定する必要があります。
5. **法令順守と規制:** 内部監査は法令や規制へのコンプライアンスを確認する役割も果たります。関連する法令や業界標準を理解し、それに基づいて監査を行うことが必要です。
6. **文書化:** 内部監査の結果や進捗を適切に文書化することが重要です。報告書は明確かつ具体的でなければなりません。また、文書は将来の監査や改善活動のためにも役立ちます。
7. **フィードバックと改善:** 監査結果に基づき、改善提案やフィードバックを適切に行うことが求められます。これによって組織のプロセスやコントロールの向上に寄与できます。
8. **学習と向上:** 内部監査の経験を通じて学び、自己向上を図ることが重要です。業界の最新のトレンドや法令の変更にも敏感になり、常に専門知識を更新しておくべきです。

これらのポイントを心に留めつつ、慎重かつ効果的な内部監査を行うことが初心者にとって重要です。

一般論が多いとはいえ，これだけの情報を瞬時に出してくれるのですから，やはり利用しない手はないでしょう。

(4)　最近の企業不祥事等を確認しておく

　残念ながら企業の不祥事は様々な分野で後を絶ちません。また，近年では問題が生じた企業が第三者委員会を組成して調査を行い，その報告書を公表するケースも増えています。ウェブサイト「第三者委員会ドットコム（http://www.daisanshaiinkai.com/）」によれば，2013年には19件だった調査報告が2023年には79件となっています。

　第三者委員会報告書は案件によっては100ページを超えるものもあるうえに，部外者に必ずしもわかりやすく説明をしているわけではないものも多いので，これらのすべてに目を通すのは容易ではありません。しかし，大きく報道されたものについては概要を把握して，自社の内部監査において当てはまる部分があるかの検証は，内部監査部門として行っておくべきでしょう。

　監査役や監査委員を中心とした経営陣がこうした領域には強い関心を持つ可能性が高く，内部監査部門とのコミュニケーションの際には，どのような対応をしているのかを問われることがあることも頭に入れておきましょう。

(5)　重要な管理部門に対する基本的な監査上の検討事項を押さえる

　内部監査の領域は多岐にわたり，会社ごとに置かれている状況やリスクも様々です。しかしながら，いわゆる本社部門でたいていどこの会社にも存在し，リスクが大きく，指摘事項の出やすい領域というのはあるものです。

　次節以降で，大半の企業に存在する分野について，内部監査で最低限押さえるべき監査上の狙いどころを挙げていきます。

2　人事・労務関係の監査の狙いどころ

　人事・労務関係は遵守・配慮すべき法令等の多い分野であり，従業員等と直接関係してくる，企業として重要かつリスクの高い領域です。ここでは内部監査としてはどういった点に注意を払うかの観点から概要を述べていきます。法令等の詳細については，厚生労働省等のガイドラインや専門書を確認するようにしてください。

(1)　人事・労務関係で守るべき法令等

　従来，日本企業は労働基準法などの労働法規の遵法意識が高いとは言えませんでした。2015年頃までは，いわゆるサービス残業が横行していたと推察されますし，36（サブロク）協定もあまり認知されていなかったと思います。

　しかし，働き方改革の名のもとに法改正もあり，かつ既存の法令等に対するコンプライアンス意識も飛躍的に高まっています。会社としても，ここをないがしろにすると，**労働基準監督署への通報，その後の調査，社会的な風評の低下に伴う人材採用難など大きなダメージを受ける可能性のある領域**です。

　この分野について基本的な法令や会社のルールを理解し，運用が適切に行われているかを確認し，問題点があれば指摘・改善を求めるというのは，内部監査の重要な役割です。

(2)　働き方改革関連法改正関係

　2019年4月より，働き方改革を進めるために関連法制の改正が実施されました。従来の規制に罰則等が加わっており，特に注意を要しますが，ポイントは以下の3点です。

① 時間外労働の上限規制の導入

時間外労働の上限は月45時間，年間360時間とし，臨時的な特別の事情があって労使が合意する場合でも年間720時間以内などの制限があります。

② 年次有給休暇の確実な取得

年10日以上の有給休暇が付されている労働者に対して，年5日の取得をさせることが義務づけられました。適切な記録を残し，違反がある場合には罰金も科せられます。

③ 正社員と非正規社員の間の不合理な待遇差の禁止

雇用形態によらず，行っている業務が同一であるならば，同一の賃金を支払うことが求められます。

(3) 就業規則と労働時間の管理

就業規則は労働基準監督署に届け出るとともに，従業員に書面もしくはデータでの周知が必要です。内容としては最低限，労働時間，賃金の計算と決定，退職に関する事項を定めている必要があります。

労働時間については，まず就業規則でこれを定めている必要があります。そのうえで残業等の割増賃金が法定の最低限を満たしているか，法定時間外労働等について従業員の過半数代表者との間で協定（いわゆる36協定）が締結され労働基準監督署に届けられているか，法定時間外労働が月45時間以内・年間360時間以内で収まらない場合に36協定の特別条項が適切に発動されているか，といった点を確認する必要があります。

実際の労働時間，特に時間外労働の実態については，近年厳しい目が向けられているところです。タイムカードや従業員等の申請の状況のみでなく，リスクが高い場合にはメールやチャットの受発信時間，パソコンの電源のログ等を検証することも考慮に入れるべきです。

(4) 労働安全衛生法等の要求事項

　企業は，職場における労働者の安全と健康の確保および快適な職場環境の形成促進のために，労働安全衛生法等により様々な義務を負っています。義務の詳細は業種によって様々ですが，ほほどの企業にも共通する点として，衛生管理者等の配置，安全衛生教育の実施，健康診断の実施があります。

　50人以上の労働者のいる事業場では，「衛生管理者」，「産業医」を置く必要があり，業種によってはさらに管理者・責任者の配置が必要ですので，配置が適切であることを確かめる必要があります。

　また，雇入れ時に健康診断と安全衛生教育を実施すること，従業員に対して毎年健康診断を受診させる必要があることなども求められています。これらの遵守状況も内部監査のチェック対象となります。

(5) 採用および退職時のプロセス

　採用にあたって重要なのは，まず面接です。聞くべきではないとされている質問をしないように，面接を担当する従業員に十分に周知する必要があります。厚生労働省では「公正な採用選考の基本」として，注意すべき事項を公表しているので，これに基づいた採用活動を実施することが望まれます（参考：https://www.mhlw.go.jp/www2/topics/topics/saiyo/saiyo1.htm）。

　また，大勢の応募者の個人情報を取り扱うので，適切に保管され，アクセスは必要な人に限定され，不要となった情報は適切に破棄されていることを確かめます。

　採用者に対しては，実施すべき手続がもれなく実施されるように必要事項のリスト化を行い，確実に実行されるようにすることも強く推奨されます。

　退職時については，たとえ就業規則等に退職の申し出は×カ月前という定めを持っていても，法律上は2週間前に申し出れば有効ですので，無理な引き留めを行っていないことを確かめましょう。また，法令には定めは

ありませんが，退職者インタビューは会社の問題点を洗い出す有効な手段なので，実施を内部監査側から推奨するのも良いでしょう。

退職者についても，採用時と同様に，退職者が実施すべき手続のリスト化を行うべきでしょう。退職者の場合，退職後には会社からのコントロールが非常に効きにくくなりますので，物品の返却，アクセス権の解除等を遅滞なく行う体制ができていることを確認します。

(6)　その他

これまでに述べてきたことの他に，人事・労務関係で内部監査において問題となりやすい事項を挙げておきます。関連しそうな事象があったときには，会社のルールと法律等の規制を確かめながら検討していきましょう。

①　障がい者雇用の義務

従業員数に応じて一定比率の障がい者雇用が求められており，違反している場合には社名の公表等のペナルティが科せられる可能性があります。法令遵守状況を確かめましょう。

②　偽装請負の禁止

契約形態が業務委託でありながら，委託元企業から労働者への業務の直接指示があり，実質的には労働者派遣となっている状態は禁止されています。特に比較的単純な作業について，契約形態が適切なものであることを確かめましょう。

③　児童労働の原則禁止

満15歳に達した日以降の最初の3月31日が終了するまで（中学校卒業まで）は原則として児童を雇用することは認められていません。日本ではあまり問題になっていませんが，海外では大きな問題であり，特に海外子会社やその外注先などとなると，十分に目が行き届かないリスクがあります。現地の法令で認められていても，国際的な人権団体等がこれを問題視する

ケースがあります。

④　最低賃金

　各都道府県で定められている地域別最低賃金を下回っていないことを確かめましょう。

⑤　人事ローテーションの実施

　特に大企業においては，一定期間ごとの人事ローテーションを規則等で定めていることがあります。これは法令等により求められているものではありませんが，長期間，同一人物が同じポジションで勤務して業務がブラックボックス化して，大きな不正が見逃されていたというケースは多々ありますので，会社のルールに定められているのであれば適切な運用を行うべきです。ルールが存在しない場合はルール作成の必要性の検討を内部監査側から提案することも考えられます。

3 IT・情報セキュリティ系の監査の狙いどころ

　企業活動にInformation Technology（IT，情報技術）の利用は不可欠ですが，わが国においてIT人材の不足は深刻で，2030年にはその需給ギャップは数十万人に達するとも言われています。そんな中でこの領域の監査ができる人材も当然不足していますが，リスクの大きい領域でもありますので，最低限のチェックをするうえでのヒントを学んでいきましょう。

(1)　IT領域の監査視点での検証の流れ

　システム関係については，一度導入すると変更が困難な点が多いので，システム導入時に内部監査の視点も入れて検証を行うことが望ましいです。すでに運用されているシステムについては，通常のオペレーションの中での対応状況と，トラブル発生時の対応が適切であることを確かめましょう。

　また，情報セキュリティはITとは別の概念（紙の情報もセキュリティの対象になる）ですが，密接な関わりがありますので，情報セキュリティを内部監査の視点からどう見るかについても述べていきます。

(2)　システム導入時

①　ベンダー選定とベンダーロックインのリスク

　システム導入にあたっては，ベンダー選定が行われますが，企業が求める機能を備えていること，価格，技術力，サポート体制などを適切に検証していること，できれば検証のルールが確立していることを確かめます。

　特に，将来の変更や追加システムの導入にあたって，特定のベンダーの利用が事実上必須となる状態（ベンダーロックイン）になっていると，費用面のみならず，当該ベンダーの倒産などによりシステムが立ち行かなくなるリスクもありますので注意が必要です。

② システム導入時のプロジェクト管理，遅延への対応

　システム導入は，企業の活動に大きな影響を及ぼしますので，適切なタイミングで実施される必要があります。スケジュールの遅延は極力避けつつも，不可避な場合には早い段階での情報共有と変更が必要です。プロジェクトの状況がIT系の一部の部署で抱え込まれずに，ユーザー部門との情報共有，変更に際しての適切な承認体制が整備・運用されていることを確かめます。

③ キーコントロールに対する統制の維持

　特に販売管理などの，J-SOXとも密接に関わってくるシステム導入の場合，現時点でJ-SOXにおいてキーコントロールとしているコントロールが新システムでも何らかの形で担保されているかは重要なポイントです。

　J-SOXの内部統制評価担当者がこの部分に関わっており，仮にキーコントロールが変更になるのであれば，システム導入によりリスクが減少するか，代替的なコントロールが存在するかを把握し，監査法人とも適切なコミュニケーションを取っていることを確かめましょう。

④ データマイグレーション

　全く新規のプロセスに関するシステムでない限り，既存のデータを新システムに移行する作業（データマイグレーション）が発生しますが，これはときには紙ベースの情報をすべてインプットし直すなどの大変な工数のかかる作業になることもあります。また，旧システムが持っているデータをきちんと引き継げない場合，業務に支障をきたす可能性もあります。

　ユーザー部門の意見も確認したうえでの適切なデータマイグレーションのステップを踏んでいることを確かめましょう。

(3) 日常の保守

　すでに導入され稼働しているシステムについては，次のような事項を確かめます。

① システム変更の手順とログ

　システムに変更を行う場合に適切な承認体制が存在していること，変更のログが保管されていること，変更が適切なテストを行い，所期の変更目的を達していることなどを確かめます。

② アクセス権管理

　IT関連で最もよく出てくる監査指摘は，アクセス権管理です。新規のアクセス権の付与・解除のプロセスが適切に運用されていること，退職者や一定期間アクセスがない人の解除，特権アカウントのアクセス権は限定的な状況でのみ付与されていることの確認などがポイントです。

③ サーバー等のセキュリティとバックアップ

　サーバールームは温度が適切に保たれており，施錠されていること，またデータのバックアップは可能ならば本社などとは別の場所で実施・保管されていることなどが望まれます。

(4) ユーザー側のコントロール

　ITはIT部門だけのものではなく，IT機器を使用するユーザー側も適切な対応が求められます。特に問題となりやすいのは，パスワードの管理と貸与しているIT機器の管理です。IT機器の紛失によって重要な情報が社外流出するリスクを軽減する必要がありますし，IT機器からの情報の持ち出しも，完全な防止は困難ですが，USBメモリーからの持ち出しのガードなど，ある程度の防衛措置を取っておくべきでしょう。

(5) 情報セキュリティ

　個人情報などの情報漏洩で大企業が大きな損害を受けたニュースを聞いたことがない人はいないでしょう。情報の管理は企業の重要な責務ですが，電子データ・紙ベースのもののいずれも，その管理を厳密に行うにはコス

トがかかりますし，コントロールを強めれば強めるほど現場の負担感も強まるので，なかなか難しい領域です。「守らなければいけない法規制」は個人情報保護法などですが，企業をリスクから守る観点からは法令遵守以上の対策が望まれます。

情報処理推進機構（IPA）という独立行政法人が，毎年，「情報セキュリティ10大脅威」を公表していますので，内部監査部門としてはここに挙げられている脅威をIT・情報セキュリティ部門が正しく認識したうえで，リスクの大きさに応じた対策を講じていることを確かめるというアプローチが考えられます。近年特にリスクが高く注目を集めているサイバーセキュリティについては，第9章で改めて触れていきます。

〈「組織」向け情報セキュリティ10大脅威　2024年版〉

順位	「組織」向け脅威	初選出年	10大脅威での取り扱い（2016年以降）
1	ランサムウェアによる被害	2016年	9年連続9回目
2	サプライチェーンの弱点を悪用した攻撃	2019年	6年連続6回目
3	内部不正による情報漏えい等の被害	2016年	9年連続9回目
4	標的型攻撃による機密情報の窃取	2016年	9年連続9回目
5	修正プログラムの公開前を狙う攻撃（ゼロデイ攻撃）	2022年	3年連続3回目
6	不注意による情報漏えい等の被害	2016年	6年連続7回目
7	脆弱性対策情報の公開に伴う悪用増加	2016年	4年連続7回目
8	ビジネスメール詐欺による金銭被害	2018年	7年連続7回目
9	テレワーク等のニューノーマルな働き方を狙った攻撃	2021年	4年連続4回目
10	犯罪のビジネス化（アンダーグラウンドサービス）	2017年	2年連続4回目

（出典：独立行政法人情報処理推進機構ウェブサイト（https://www.ipa.go.jp/index.html）より）

上記の他にもIPAでは「中小企業の情報セキュリティ対策ガイドライン」などの有用な情報を発信しているので，これらを参照しながら監査で確認するべき内容を検討するのが良いでしょう。

4 調達・購買関連業務の監査の狙いどころ

　調達・購買部門は，外部からの仕入の窓口になることが多く，取引先にとってはとても重要な存在です。それだけに**取引先の選定や支払のプロセスでは共謀も含めた不正が大変起きやすい領域**です。

　調達・購買に私情が入って，必要以上に高額なものや品質の低いものを購入することになると，会社に長期継続的に大きなダメージを与える可能性があります。適切なプロセスで取引先が選定されていること，現場だけの判断で取引先を選定しないコントロールが効いていること，特に高いコンプライアンス意識が求められることを調達・購買部門の従業員や責任者が認識していることなど，チェックすべき項目は多岐にわたります。

(1)　取引先の選定

　企業がその事業に必要な物品やサービスを購入する際に，購入品が決まったら次に購入する相手先を決定する必要があります。日常の消耗品や書籍などであれば，利用者が立て替えて後日精算という簡便的な方法でも問題ありませんが，製造に利用する原材料や外注加工などのサービス，固定資産購入，大規模な広告の作成や実施となると，選定プロセスが存在し，それがきちんと機能していることが求められます。

　新規の相手先からの購入の場合，まず相手先の審査を行い，取引を行っても問題のない相手であることを確認する必要があります。チェックすべき主なポイントは以下のとおりです。

- ●申請部署内で適切な承認を得ているか。
- ●実在している法人等か。
- ●反社会的勢力に該当しないか。
- ●役員や従業員が経営するなど強い関係性がないか。

●健全な財務状態か。

　実在しない取引先が設定されると，そこを利用して不正な支出や横領が行われる可能性が高まります。反社会的勢力との取引は社会的にも大きな批判を浴びる可能性がありますし，役員等の関係者の企業との取引では会社に不当に不利な条件での取引が発生しやすくなります。また，継続的な購入が必要な物品については，急な倒産などによる供給途絶は避けたいところです。

　取引先として問題がないことが承認されたら，取引先マスターに支払先情報を登録し，支払が可能な状態への設定が行われますが，この設定が申請・承認されたものと同一であることも監査のチェックポイントです。

(2)　購買申請～発注のプロセス

　取引先として設定ができたなら，次は実際の購買申請と発注です。購買申請の主なポイントは以下のとおりです。

●申請部署内では適切な承認を得ているか。
●一定規模・金額以上の場合には見積りを取っているか。
●要求を満たすスペックの物品・サービスを提供可能か。
●納期は適切か。

　IT機器などスペックの確認に専門性が必要な場合，専門部署の関与を求める場合もあります。

　さらに，下請法に該当する場合には注意すべき点があります。下請法における親事業者・下請事業者の定義は以下のとおりです。

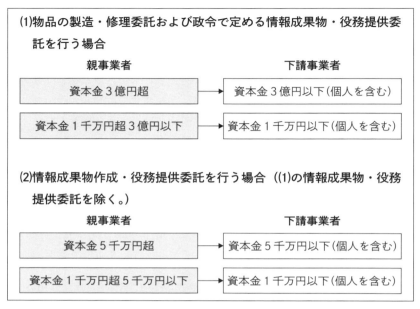

(出典：公正取引委員会ウェブサイト（https://www.jftc.go.jp/shitauke/shitaukegaiyo/gaiyo.html）より）

　下請法の親事業者に該当する場合は，以下の義務があります。

- 発注の際は，直ちに発注書を交付すること
- 支払期日を納品から60日以内に定めること
- 取引の内容が確認できる書類を作成し2年間保存すること
- 支払期日までに代金を支払わなかった場合，遅延利息を支払うこと

　また，この他にも受領拒否や買いたたきの禁止など，様々な禁止行為が定められているので，購買部門がこれらの法規制を把握し，適切な対応を行っていることを確かめましょう。

(3) 納品

　納品にあたっては，発注したものが期日内に正しく納品されていることを確認するプロセスが正常に働いていることを確かめます。納品に関連し

第5章　指摘事項が出やすい領域の基礎知識　103

ては，スリーウェイマッチングと呼ばれる監査手続が有名です。これは注文書と納品書と請求書という3つの書類に記載されている納品物や単価，数量などの情報が一致していることを確かめる手続です。あわせて，納品書に，社内の適切な部署による納品確認が行われていること，納品が期日内に行われていることも確かめましょう。

　監査のテキストなどでは，納品は，発注者とは別の人物が確認を行うべきと書かれていることがあります。これは，発注した人が個人的なものや会社には不要のものを購入することを防ぐためです。購買専門の部門がこの役割を担うことが理想的ですが，実際には納品されたものが本当に適切かを判断できるのは発注者というケースも多いので，状況に合ったプロセスになっていることを確かめましょう。

(4)　その他の論点

　その他，購買関連で内部監査上問題になりがちな論点を挙げていきます。

①　購買ポリシーの外部への公表

　購買部門担当者は，何とか取引を始めてもらいたい相手先からは誘惑の多いポジションです。ここから生じる様々な問題を未然に防止するために，取引先と購買部門との関係構築について，厳しい制約を設ける企業が増えています。

　たとえば，パナソニックグループは一般的な贈答接待の禁止のみならず，会費制の会食も禁止しています。どこまで制限するかは経営判断ですが，過去に問題が発生しているのであれば，こうした厳密なポリシーの導入も内部監査からの提言として考えられます。

②　シングルソースの回避

　購買は同一の相手先から大量購入することによってボリュームディスカウントを受けることができる場合があるので，固定的な関係が築かれるケースが多いですが，何らかの理由で特定の相手先からの購入ができなく

なった場合に，ビジネスに深刻な影響が出る可能性があります。

　完全な対応は難しいですが，シングルソース（単一取引先からのみの特定物品等の購入）を避け，二次的な取引先を持っておくことは，ビジネスの継続において重要な役割を果たす可能性があります。また，癒着の防止などの効果も期待できます。

③　担当者のローテーション

　強い立場で外部と接する機会の多い購買担当は，前述のとおり誘惑も多いので，不正防止の観点からも，一定期間ごとのローテーションの実施は検討されるべきでしょう。

④　発注データの適切な管理

　発注したものは納期までに納品される必要がありますが，発注後に取引先と現場担当の間で取り消しのやり取りがなされるなどして，発注のデータが残ったままになっているケースがあります。発注の事実だけが残っておりキャンセルが適切に行われない場合，本来不要なものをずっと後になって納品されても，受領を拒否できない可能性があります。こうした事態を回避するために，発注したものはきちんと納品されていることを見ることも有用です。

5 コンプライアンス・法務関連業務の監査の狙いどころ

　企業における「コンプライアンス」は狭い意味では，法令遵守と理解されていましたが，近年その概念は拡大しており，企業が内部統制を維持し，倫理の規範を守り，社会的な責任にも配慮して経営を行っていく姿勢全般をカバーするようになっています。

　個別の法規制のなかで監査で論点となる典型的なものについてはすでに前節まででいくつか解説しましたので，ここではコンプライアンスの体制等に関連する論点を説明していきます。

(1)　コンプライアンスの体制

　会社の業務が法令および定款に沿って行われる体制を整備することは，会社法により求められています。法令や定款を守るのは当然のことですが，その当然のことが行われる体制を整備，運用する義務が会社にあるわけです。

　多くの企業がその取り組みとして公表しているのは，以下のような項目です。

- ●従業員等が守るべき倫理規則の公表
- ●コンプライアンストレーニングの実施
- ●内部通報制度の整備
- ●贈収賄防止の取り組みおよび贈答接待への対応方針

　内部監査の視点では，まず，会社としてどのような体制を構築しているのかを把握したうえで，上記のような項目の状況を確かめていくことになります。

(2) 内部通報制度の整備と運用

　企業の不正の発見のきっかけで一番大きいものは内部通報によるものと言われており，制度の整備と運用が適切に行われていることは企業のコンプライアンスの観点から重要です。公益通報者保護法に定められている事業者の主な義務は，従業員301人以上の会社において（300人以下の会社は努力義務），以下のとおりです。

●公益通報者保護法による義務
- ●通報窓口の設置
- ●通報者の不利益な取り扱いの禁止
- ●内部通報担当者に守秘義務

　適切な運用という観点からは，これらに加えて，以下のような項目も内部監査として確かめると良いでしょう。

●運用上の注意事項
- ●通報先が従業員に周知されているか
- ●通報内容に対応した調査体制があるか
- ●調査がタイムリーに実施されているか
- ●グローバル企業では日本語以外の対応が可能か

(3) 贈収賄防止，接待贈答など

　公務員等に対する贈収賄は多くの国で禁止されており，特にアメリカとイギリスではそれぞれForeign Corrupt Practices Act（FCPA），Bribery Act（UKBA）という厳しい法律が存在します。もちろん，日本においても公務員への贈収賄は犯罪です。こうした法令違反を起こさないような統制が整備・運用されていることを内部監査として確かめます。

　一律にすべての接待贈答を会社として禁止しているのであれば，それ以上の問題は起きえませんが，現実には飲食を含めてそれなりのコミュニケーションを行うケースは多いでしょう。公務員であっても，宣伝用物品

または記念品（広く一般に配布するもの）の贈与を受けることや，多数の者が参加する立食パーティーでの飲食の提供，いわゆる割り勘での会食までは禁止されていません。会社としては，公務員およびそれに類する人々（独立行政法人や国立大学法人の職員など）への贈答等については法令違反にならないように慎重に対応するとともに，目的や日時等の事前申請を行わせることなどにより，問題の発生を未然に防ぐ努力が望まれます。また，民間同士の接待贈答についても，それが社会通念の範囲内であり，ビジネスに有効なものに限られるように，金額の多寡による承認レベルの分類など，何らかのコントロールを持つことが望ましいです。

　内部監査としては，規程の整備状況，事前申請が適切に行われて承認されていること，従業員へのこれらのルールの周知が適切に行われていることなどを確かめると良いでしょう。

(4) 従業員の処分等の対応

　ハラスメントや従業員による不正，その他就業規則の違反などの事態が生じた場合は，就業規則に沿う形で処分を行う必要があります。このプロセスが適切に整備・運用されていることもコンプライアンスの重要な要素です。以下のようなプロセスが踏まれていることを確かめましょう。

> 就業規則に処分についての規則が適切に定められている。
>
> 処分を決定する会議体が適切なメンバーで構成されている。
>
> 処分にあたっては十分な調査が実施されている。
>
> 事実をもとに就業規則に沿って会議体で処分が決定されている。
>
> 類似の事象について，処分内容には大きなブレはない。
>
> 必要に応じて処分の妥当性について法律専門家の見解を得ている。

(5) 法務部門の活動

その他，特に法務部門の活動で，内部監査上論点になりやすい点を説明します。

① 法律知識等のアップデート

コンプライアンス関係やその他法令に関する事項については，法務部が所管するケースが多いかと思います。ビジネスの種類によって関連する法令は様々であり，そのすべてに内部監査人が精通することは困難ですが，法務部門として，関連法令の改正状況などをきちんと把握し，必要な研修を受講させたり，必要な書籍等の購入を行っているかなどは，内部監査としても最低限確認しておきたいところです。

② 訴訟や係争案件の他部門との共有

訴訟や係争案件の情報はセンシティブなため，あまり他部署に共有すべきではないことも多いですが，経理部門などは，敗訴の可能性等に応じて引当金計上や偶発債務の注記などの対応が必要になります。情報管理に注意しつつ，必要な情報は必要な部署に共有するプロセスの整備と運用状況を確かめましょう。

③ 取引先の反社チェック等のリード

会社が物品やサービスを購入する相手も，販売する相手も，いわゆる反社会的組織ではないことを確認するプロセスは，購買部門や営業部門に担当してもらうプロセスもあるでしょうが，法務部門がまずはリードする必要があります。漏れのないチェック体制となっていることを内部監査としては確かめましょう。

④ 契約書等の管理

日本においては，特に売買基本契約は，双方のからの申し立てがない限りは自動更新が一般的です。その結果として数十年も前の紙の契約書しか

残っていない，あるいは契約書そのものが紛失されていることもありえます。書類の管理責任を取引部門と法務部門のどちらが負うかは経営判断ですが，適切な管理が可能な体制となっていることは確かめる余地があるでしょう。

6 製造部門の監査の狙いどころ

　製造部門はその扱う原材料や製造物によって様々な規制が存在し，内部監査部門がそれに精通したうえで，良い監査指摘を出すのが難しい領域です。しかし，製造業においては，通常最も多くの従業員数と資産を有している部門であること，本社から離れた場所に存在することなどから，適切な内部監査が望まれる領域です。

(1) 製造計画

　製造は通常，製造計画に基づいて行われます。製造計画は，原材料等の購入・納品日といった川上の状況と，出荷・販売計画といった川下の状況に適合しつつ，製造部門や一部外注を行っている場合には外注先のリソースの状況を踏まえて作成される必要があります。こうした各種事情を考慮したうえで計画が作成されていること，計画と実績に大きな乖離が生じている場合には，その乖離の原因究明や対策が適切に行われていることを確かめましょう。

(2) 生産プロセスと原価計算

　実際の生産プロセスでは，投入されている原材料やかけられている工数が適切に記録されていることを確かめます。また，完成品は適切な検査が行われ，不良品の出荷を防止するプロセスが働いていることも確かめましょう。標準原価計算を採用している場合には，実際原価との比較が行われ，差異の原因分析と配賦のプロセスが適切であることを確かめます。

　標準原価計算とは，製品1個当たりがいくらで製造できるかをあらかじめ見積もっておき，一定期間・数量の生産後に実際に発生した原価（実際原価）との差異を比較して原価管理を行う手法です。製品1個ごとに実績を計算するのが煩雑で困難な場合に採用される手法です。

(3) 外注管理

　製造にあたって，自社工場だけでは作業は完結せず，作業の一部を他社に外注するケースはよくあります。この場合，外注先の選定は，本章4節で述べた調達・購買の場合と類似した検証が行われていることを確かめましょう。安全衛生の基準なども自社に準ずる水準を満たしていることが望ましいです。

　場合によっては，内部監査人が，外注先に出向いて状況を視察することも有用です。

(4) 資産の管理

　製造現場には，原材料，仕掛品，製品といった棚卸資産と，主に製造に使用する機械装置等の固定資産が大量に存在します。

　棚卸資産については，品質の劣化を招かない場所に適切に保管されていること，棚卸が定期的に行われ，差異が生じている場合には記録の修正と分析が適切に行われていることなどを確かめましょう。危険物や高価な資産については，不適切な持ち出しができないコントロールの存在も確かめましょう。

　固定資産についても，定期的な棚卸によって存在が確認されていることは棚卸資産と同様ですが，その他に，メンテナンスの計画が適切に策定され，実行されていることも重要なポイントです。法定点検は当然ですが，社内ルールに基づいた自主点検も，生産計画や予算の都合などで安易に延期や中止されていないことを確かめましょう。

(5) 安全衛生

　作業現場の安全衛生の状況が適切に保たれていること，事故等が発生した場合には迅速な報告と改善が行われていることなどを確かめましょう。

7 経理・財務部門の監査の狙いどころ

　経理・財務部門の活動については，J-SOXおよび会計監査でも重点的に検証される領域であるため，内部監査から深く入り込むことは多くはありません。しかし，資金管理や複雑な会計基準への対応など，重要かつ難しい職務を負っています。会計監査との重複を極力避けつつ見ていくべき点を挙げていきます。なお，内部監査と会計の知識は切っても切れない関係にあるので，内部監査部門のメンバーは，財務諸表の構成や基礎的な簿記の知識を身につけることが望まれます。

(1) 資産の管理

　有価証券，小口現金，預金，手形帳，小切手帳，預金通帳などが適切に管理され，盗難等の可能性が低減されていることを確かめましょう。一般的に，現物の状態で保有しているほうが盗難や紛失の可能性が高まるので，電子化する方向を示唆することも内部監査として有用な視点です。

　棚卸資産や固定資産については，実際の棚卸の結果を適時に回収し，必要な修正を行っていることを確かめましょう。

　得意先への売掛金や，金融機関の預金等の残高については定期的に残高確認の実施や残高証明書の入手を行い，自社の残高との間に相違がある場合には，速やかに原因の究明を行っているかについても確かめましょう。

　こうした資産管理の基本的な部分を適切に実行することは，会計監査をスムーズに終わらせることにもつながり，間接的に会社のコスト削減に寄与できることもあります。

(2) 権限の分離

　手形や小切手の振出やインターネットバンキングの支払など資金の移動

を伴う業務については，起票者と承認者が分離して適切な牽制が存在することを確かめましょう。

　また，経理部門で会計システムにダイレクトに仕訳を入れる場合にも起票者と承認者を分けて，１人だけで仕訳入力ができないように牽制が働いていることを確かめましょう。

(3)　数値の整合性の確認

　最終的な貸借対照表や損益計算書につながる数字は，総勘定元帳（General Ledger, G/L）と呼ばれる帳簿もしくは電子データに記録されています。しかし，総勘定元帳は様々な別のデータ（これを補助簿 Sub Ledger, S/Lと呼びます）から数値を吸い上げています。これらがすべてシステムで連動していればよいのですが，実際には売掛金管理や固定資産管理などのシステムが総勘定元帳と別のシステムで動いていることもあります。このような場合には，総勘定元帳と補助元帳が決算時には一致している必要があります。経理部門ではその一致を確認するコントロールを持つ必要がありますし，内部監査としてはその状況を確かめる必要があります。

(4)　適切な教育研修とシステム投資の実施

　法務の部分でも述べましたが，財務・経理の分野も税法や会計基準の頻繁な改正があり，その情報を正確にキャッチアップして業務を行うことが必要になります。そのために必要な研修受講や資格取得の推奨など，もちろん法令に定められているものではありませんが，OJTだけではリスクと限界があるのも事実です。このあたりに会社として適切なサポートをするべきという内部監査からの指摘も考慮の余地があります。

　また，会社の規模がある程度大きくなってくると，会計システムを適切な形で導入しないと適正な財務諸表が作成できないリスクが高まります。必要なシステム投資が行われていることも確かめると良いでしょう。

Column⑤

国の内部監査？

　本書で扱っているのは，基本的にすべて民間企業についての話ですが，国や独立行政法人などに対しての監査とはどのようなものがあるのでしょうか。

　まず，会計検査院という組織があり，国のお金の使い方に無駄がないかについてのチェックを毎年行っています。次に，一定規模以上の独立行政法人については，企業と同様に，監査法人による会計監査が求められています。これらは企業でいう外部監査という整理になると思います。

　この他，農林水産省，国土交通省などのいわゆる霞が関の中央省庁が直接管轄している事業について，「行政事業レビュー」という，コントロールセルフアセスメント（CSA，Column⑥参照）に類似した取り組みが行われています。これは，各省庁が毎年行っているすべての事業について，その目的や資金の流れを個別のシートに記入してもらい，広く公開し，さらにその一部については外部有識者を招聘して，妥当性や改善の必要性の有無について公開の場で議論するというものです。

　2009年に民主党政権が成立したときに行われた「事業仕分け」という取り組みがあったのですが，これを一時的なイベントにせず，継続的に国の予算の使い方を各省庁が自らモニタリングする仕組みとして制度化したのが「行政事業レビュー」です。

　筆者は，この行政事業レビューの創設時に，それを担当する内閣府の部署に監査法人から出向しており，現在公表されている各事業のシートの原案を作成しました。ここでの経験が，監査法人での会計監査のキャリアから，内部監査の道へとキャリアチェンジをする１つのきっかけとなりました。

第 6 章

部門外との
コミュニケーション

●本章のポイント●

内部監査はその結果はもちろんのこと，日常
的に他の部門などとのコミュニケーションを
密に行うことによって，その実効性をより高
めることができます。本章では，報告先や社
内の他の部門などとのコミュニケーションに
ついて見ていきます。

1 内部監査の報告先

　日本では内部監査部門は社長直属の組織となっているケースが多いようです。では，内部監査の結果や重要な指摘事項などは，被監査部署以外であれば，社長に重要な内容を報告すればそれで良いのでしょうか。

　会社の規模や組織形態により最適解は異なってくるでしょうが，報告先（レポーティングライン）は，組織として重要なテーマです。内部監査部門に配属されたばかりの方は，まずはこれまでのやり方を確認しつつ，現在の世の中の流れがどうなっているか，あるべき姿はどうなのかについても理解していきましょう。

(1) 内部監査の報告先の現状

　少し古い調査ですが，2017年の内部監査協会による「第19回内部監査総合実態調査」によれば，回答会社1,543社中，社長（総裁・会長・理事長等）に直属と回答している会社が1,294社と81.5％を占めました。2024年時点でも，上場企業の有価証券報告書を見ると内部監査の位置づけには多くの企業で「社長直轄の内部監査室」といった表現が見られるので，これが多数派であることは変わっていないでしょう。

　コーポレートガバナンスのスタイルは色々あれど，企業で社長の権限が強いことに変わりはなく，内部監査部門が社長直属となっているのは，他の部署に対する忖度なく監査を実施するための監査部門の独立性に配慮した結果だと考えられます。

(2) 社長への報告

　社長直属の組織を前提とするならば，内部監査からの報告はどのようにするべきでしょうか。会社の規模が小さく，内部監査部門もごく少人数で

第6章　部門外とのコミュニケーション　117

回している時期に，重要な報告事項があるわけでもないのに毎月の定例会
議を持つことが効率的かは，ケースバイケースです。一方で，10名以上の
内部監査部員を抱えている企業であれば，1年間で実施して発見される指
摘事項も膨大な数になるでしょうから，年度末一括などではなく，少なく
とも四半期に一度くらいは定期的な報告のタイミングを持ちつつ，重要な
問題が発見された場合には臨時のミーティングを持てるという関係を構築
したいところです。

　報告内容としては，少なくとも以下のものを含めるべきでしょう。

- ●実施した監査の概要
- ●主要な監査指摘事項と被監査部署による対応状況
- ●改善対応の期日遵守状況
- ●予定していた監査計画の変更（あれば）

　改善対応の期日遵守状況は以下のような表で報告し，特に重要性が高い
にもかかわらず期日超過しているものについては概要を記載するなどする
と良いでしょう。なお，期日超過を社長に報告することは，被監査部署に
も伝えておきましょう。

	監査指摘総数	改善終了	改善期日前	改善期日超過	うち重要性高
20X1年度	100	96	3	1	0
20X2年度	35	20	13	2	1

　また，こちらから報告するばかりでなく，**社長が社内の状況に対して抱
いている懸念事項などを適宜聞き出すことも，報告の機会に実施したいと**
ころです。

(3)　デュアルレポーティングライン

　近年のコーポレートガバナンス（企業統治）をめぐる議論の中で，内部
監査部門は社長直属というだけにはとどまらず，社長や取締役を監督する
役割を持つ取締役会や監査役会にも情報の共有を行うべきという考え方が

強くなってきています。この考え方を，「社長」＋「取締役会・監査役会」の双方に報告するということから，デュアルレポーティングと呼んでいます。取締役会と監査役会は一括りになっているので，**実際には社長，取締役会，監査役会の3カ所への報告でも，デュアルと呼んでいることに注意してください。**

このあたりは，2021年に改訂されたコーポレートガバナンス・コードに詳述されているので，第7章で改めて説明します。

(4)　監査役会設置会社の報告体制

監査役会設置会社の場合，社長以外に監査役（会）と取締役会への報告を検討することになります。監査役のうち，常勤監査役とはある程度頻繁にコミュニケーションを取り，監査役会への共有も常勤監査役経由にしてもらい，監査役会への定例報告までは行わないというくらいが，バランスの取れた報告体制のように思います。第1章2節(5)でも述べましたが，常勤監査役と内部監査部門は近い関係にある会社が多いので，報告自体が不足するケースは多くないでしょう。

取締役会への報告は年度の初めにJ-SOXの計画などと一緒に前年の結果と計画をざっくり説明するだけという会社も多いのではないかと思われ，前述のデュアルレポーティングの話も，メインは取締役会への報告をどうするかになってくるでしょう。

いきなり報告事項を増やすのは難しいかもしれませんが，世の中の潮流に沿う意味でも取締役会に報告を行う回数を増やすことを検討したいものです。ただ，そのためには報告に足る指摘事項などを増やして，報告そのものに注目してもらえるようにしていかなければなりません。

(5)　監査等委員会設置会社の報告体制

監査等委員会設置会社とは次ページの図のような形態の会社です。監査役は置かれず，取締役の中の一部のメンバーが「監査等委員」となり，代

第6章 部門外とのコミュニケーション 119

表取締役などの業務執行を監査・監督します。

　内部監査部門としては，監査等委員会に報告を行うのは当然のこととしても，取締役会への報告は簡略化したいところです。それは監査等委員会への報告が二重になってしまうためです。また，まだ採用している会社が少数であるため詳細は省略しますが，指名委員会等設置会社の場合も同じような考え方となるでしょう。

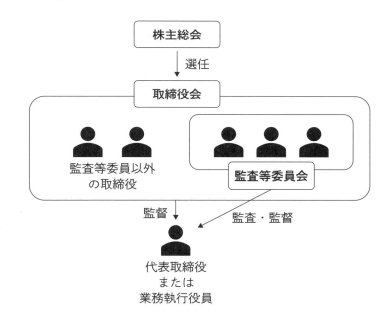

2 他の部門および監査法人との コミュニケーション

　内部監査を通じて会社のプロセスの改善やガバナンスの向上を図るには，内部監査部門だけではなく，社内の各部門の理解と協力が不可欠です。また，三様監査の一角をなす監査法人（会計監査人）とも良好な関係を築きたいものです。

(1) 3ラインモデル

　会社が適切なガバナンスを確保するための組織の考え方の1つに，IIAが提唱している3ラインモデル（Three Lines Model）というものがあります（下図参照）。これは会社の組織を事業部門（第1ライン），管理部門（第2ライン），内部監査部門（第3ライン）に分けて，第1ラインでルールに

IIAの3ラインモデル

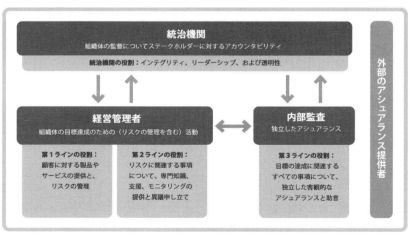

（出典：日本内部監査協会「IIAの3ラインモデル」）

従った業務の遂行やリスク管理を行い，第2ラインは第1ラインが適切に業務を行っていることのモニタリングを行い，第3ラインが第1・第2ラインを内部監査という形でチェックするという考え方です。

このモデルで注目するべきなのは，まずは第1ライン・第2ラインにしっかりコントロールを効かせてほしいという点です。とはいっても，事業部門は利益獲得が至上命題なので，第2ラインが，第1ラインが守るべきルールを作って守らせて，守っていることを確認する，というところまでやってもらいたいわけです。第3ラインである内部監査は，究極的には第2ラインがきちんと仕事していることさえ見れば十分というのが理想形なのかもしれません。

(2) 管理部門（第2ライン）とのコミュニケーション

事業部門（第1ライン）の監査を行っていて，事業部門だけでは完全な改善ができない問題点や，管理部門の関与が必要になる問題点が発見されることがあります。

たとえば，A事業部を監査していて，こんな会話があったとしましょう。

内部監査人

> こちらの事業部は本社と別の場所にあって人数が50人を超えていますから，衛生管理者を置かなければいけませんね。

A事業部

> そうなんですね，知りませんでした。でもそういうことは人事部からの指示に沿って対応しているので，こちらの一存だけでは動けないですよ。

内部監査人

> では，貴事業部から人事部に，「内部監査に言われた」と言って問い合わせて対応してください。

A事業部

> わかりました。でも，内部監査からも人事部に言っておいてくださいよ。他の事業部でもそんなことやっていないと思いますよ。

このような状況で，「今回は人事部の監査ではないから，人事部に何か言うわけにはいかない」となっては，せっかくの改善の機会を逃してしまいます。人事部にも状況の確認を行い，もしA事業部に限った問題ではないとわかったら，やはり全社レベルでの対応をしてもらいたいところです。

しかし，管理部門としては，自分たちの部門が監査を受けているわけでもないときに，どんどん指摘事項が飛んでくるのはツラいという気持ちもわかりますし，「わかっているけど優先順位が低いので後回しにしている。」などと言われるかもしれません。

結局，こうしたことが起きたときに，日ごろから**管理部門と内部監査部門が情報交換を行い，相互に協力する関係が築けていれば，迅速かつ適切な対応が望めます。**管理部門は本来事業部門の管理状況を把握するのも役割ですから，代わりに発見してくれた内部監査部門に感謝しても良いくらいの状況です。

しかし，日ごろのコミュニケーションが悪ければ，何かと苦情を言われ，会社としての改善もなかなか進まないということも起こりえます。内部監査の実施状況や指摘事項について，経理，人事，IT，法務などの基幹管理部門とはタイムリーに共有を図る，部門長どうしの公式非公式なコミュニケーションを図るなどの努力が重要です。

(3) 被監査部署とのコミュニケーション

実際に監査を行うときのヒアリングのコツは，第3章2節「有効なヒアリング」で説明しました。ここでは，被監査部署とのコミュニケーションのうち特に難しい，指摘事項を伝えるときの工夫をご紹介します。

① そんなに大きな問題ではないのでは？　と言われたとき

「確かに現時点では大きな問題にはつながっていませんが，私も過去にそういう理由で，"まぁいいか"と流してしまったものがあります。でも，ほとんどの場合，後になってそれがもっと大きな問題になり，直すのに大変苦労します。最初のときにきちんと直してもらえていれば，後でこんな

に苦労させなくて済んだのに，と思ったことが何回もあります。なので，ちょっと面倒でもここで対応をお願いできませんか？」

② お金がかかるので対応できないと言われたとき

「本当はやりたいのに，予算が取れずにできないご苦労はよくわかります。すぐ対応できないにしても，課題やリスクとコストを整理して，実施したいという提言を経営側に提出するのはいかがでしょうか？　もちろん内部監査から指摘されたことも言っていただいて構いません。私たちを，そちらのお仕事をサポートしてより良くするために使ってください。」

③ とにかく嫌だと言われたとき

「どうしてもということであれば，仕方ありません。ただ，私も役割として，こういうことがあったこと，今は対応できないと言われたことを社長（取締役会，監査役会等）にお伝えしなければなりません。できればそんな形はとりたくないのですが，ご協力いただけないでしょうか？」

　もちろんこれらは参考に過ぎず，その場その場で対応するしかないのですが，参考にしていただければと思います。

(4) 監査法人とのコミュニケーション

　三様監査における監査法人の位置づけや役割については第1章2節で説明しましたが，実際のところ，内部監査部門と監査法人のコミュニケーションは，J-SOXの部分を除くとそれほど盛んではない会社も多いように思います。しかし，特に上場会社の場合は，監査法人は膨大なリソースを割いて会計監査を行っていますし，**そこで得ている情報を監査法人だけのものにしておくのはもったいないです**。

　まず，会計監査の結果発見された会計処理上の不正，エラーについては情報の共有をお願いしましょう。監査法人が経理部やCFOに文書で伝えるような大きなエラー等は当然ですが，会計監査の過程で発見された，よ

り金額の小さいエラーについても把握することが望ましいです（経理部は嫌がるかもしれませんが）。

会計監査は通常，会社全体を1つの塊として金額の重要性を決定するので，内部監査人や事業部からすれば結構大きな金額のエラー等も，「重要なものではない」と判断することがあります。しかし，**エラーの発生する背景には，プロセスの問題が潜んでいる可能性がある**ので，今後の内部監査の計画や実施に取り込むことを検討することが望ましいです。

また，内部監査が発見した指摘事項を見せてほしいと監査法人から依頼されたら，共有すると同時に，他の事業部などで類似の問題があることに会計監査の過程で気づいたら教えてほしいと依頼するのも良いでしょう。

第 7 章

注目を集める内部監査

●本章のポイント●

2021年のコーポレートガバナンス・コード
の改訂や2023年のJ-SOX基準の改訂などで，
内部監査に求められる役割や課題が急増して
います。本章では，社会が内部監査に期待す
る最新の動向について解説します。

1　内部監査とコーポレートガバナンス・コード

　東京証券取引所では，実効的なコーポレートガバナンスの実現に資する主要な原則を取りまとめた「コーポレートガバナンス・コード」を定めています。その中で特に内部監査と関連が深いと思われる部分を中心に説明します。

　コードの全文は，日本取引所グループのウェブサイト（https://www.jpx.co.jp/equities/listing/cg/index.html）で確認できます。本節はコードの全文をお手元に用意して読んでいただければより理解が深まります。

(1)　コーポレートガバナンス・コードとは

　コーポレートガバナンス・コード（CGコード）とは，上場企業の企業統治において参照すべき指針として2015年に東京証券取引所にて公表され，その後2018年，2021年に改訂が行われています。その構成は，5つの「基本原則」，それを補完する31の「原則」と47の「補充原則」という総数83の原則から成っています。

　ベースとなる基本原則は以下の内容に関するものとなっています。

```
――――――――――――〈CGコード〉――――――――――――
 基本原則
 1．株主の権利・平等性の確保
 2．株主以外のステークホルダーとの適切な協働
 3．適切な情報開示と透明性の確保
 4．取締役会等の責務
 5．株主との対話
```

　プライム市場・スタンダード市場の上場会社はコードの全原則について，グロース市場の上場会社はコードの基本原則について，実施しないものが

ある場合にはその理由を「ガバナンス報告書」にて説明することが求められます。非上場企業については，現在のところCGコードによる縛り等はありません。

(2)　全社的リスク管理と内部監査

―――――――――――〈CGコード〉―――――――――――

補充原則 4 - 3 ④
内部統制や先を見越した全社的リスク管理体制の整備は，適切なコンプライアンスの確保とリスクテイクの裏付けとなり得るものであり，取締役会はグループ全体を含めたこれらの体制を適切に構築し，内部監査部門を活用しつつ，その運用状況を監督すべきである。

　CGコードは83もの原則を持っていますが，内部監査への直接的な言及がある部分を押さえていきましょう。
　まず補充原則 4 - 3 ④においては，「先を見越した全社的リスク管理体制の整備」の運用状況の監督には内部監査部門が活用されると書かれています。「内部統制」の運用状況ならいつもの内部監査で見ているところですが，「全社的リスク管理体制」と言われると話が大きくてピンときません。ここで参考になるのは，J-SOXなどの内部統制のベースとなるフレームワークを提唱したCOSO（Committee of Sponsoring Organizations of the Treadway Commission）が2017年に公表した「全社的リスクマネジメント ―戦略とパフォーマンスとの統合」におけるリスクマネジメントの5つの構成要素と原則（次頁の表）です。
　実は，これはJ-SOXで見ている全社統制の構成要素にも類似しており，まずはJ-SOXにおける全社統制が整備されていることを確認することが最低ラインになります。
　そのうえで，全社的リスク管理体制の整備・運用状況の監査を経営陣から求められた場合には，下記の項目を確認していくという手順を踏むことになるでしょう。

〈COSO全社的リスクマネジメントの構成要素と原則〉

構成要素1	ガバナンスとカルチャー
1	取締役会によるリスク監視を行う
2	業務構造を確立する
3	望ましいカルチャーを定義づける
4	コアバリューに対するコミットメントを表明する
5	有能な人材を引きつけ，育成し，保持する
構成要素2	戦略と目標設定
6	事業環境を分析する
7	リスク選好を定義する
8	代替戦略を評価する
9	事業目標を組み立てる
構成要素3	パフォーマンス
10	リスクを識別する
11	リスクの重大度を評価する
12	リスクの優先順位づけをする
13	リスク対応を実施する
14	ポートフォリオの視点を策定する
構成要素4	レビューと修正
15	重大な変化を評価する
16	リスクとパフォーマンスをレビューする
17	全社的リスクマネジメントの改善を追求する
構成要素5	情報，伝達および報告
18	情報とテクノロジーを有効活用する
19	リスク情報を伝達する
20	リスクカルチャーおよびパフォーマンスについて報告する

　本来，内部監査部門としてここまで踏み込んだ確認を行ったうえで年間や中期の監査計画を立案すべきでしょうが，なかなかここまではやり切れていない内部監査部門が多いのではと思います。しかし，考え方の方向性は理解しておく必要があるでしょう。

(3) デュアルレポーティングライン

──〈CGコード〉──

補充原則4-13③
上場会社は、取締役会及び監査役会の機能発揮に向け、内部監査部門がこれらに対しても適切に直接報告を行う仕組みを構築すること等により、内部監査部門と取締役・監査役との連携を確保すべきである。また、上場会社は、例えば、社外取締役・社外監査役の指示を受けて会社の情報を適確に提供できるよう社内との連絡・調整にあたる者の選任など、社外取締役や社外監査役に必要な情報を適確に提供するための工夫を行うべきである。

デュアルレポーティングラインについては、第6章1節(3)でも触れましたが、社長のみでなく取締役会や監査役会といった、社長や取締役を監督する役割を持つ組織に対しても内部監査の報告を行うべきという考え方です。IIAの考え方はさらに踏み込んだものであり、社長等に対してはあくまで部門運営上（administratively）の報告のみという形が良いとされています。

部門運営上とは、予算や人員の配置などを主に想定しています。下図のようなイメージです。

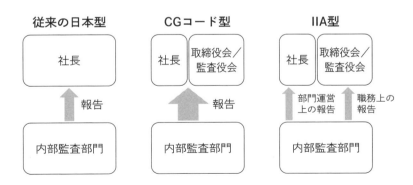

ここまでのデュアルレポーティングの議論は、CGコード上はあくまで主体は取締役会等の経営側がこうした体制を整えなさい、という体裁になっています。しかし、**内部監査部門としては、漫然と体制を整えてくれ**

るのを待っていればよいということにはならないでしょう。

　取締役会や監査役会が社長や取締役の業務執行を監督するうえで有用な情報をきちんと提供できるようになっていかなければ，内部監査部門は社内でその存在意義を失いかねません。そうならないためには，結局，**リスクの高い領域をきちんと見定めて監査を行い，可能な限り経営の改善に資するような指摘事項を出し，改善の確認まで行うという，監査業務の精度を高めることが肝要**です。この点は次節のJ-SOX基準改訂のところでも改めて触れます。

(4)　発展　CGコードを通じて内部監査に期待される事項

　ここまで，CGコードに直接記載がある点について内部監査への影響を考えてきましたが，もう少し高い視点で，CGコードで要求されている各事項に対して内部監査としてどう向き合うべきかを見てみましょう。取締役会や監査役会の責務とされているものも多く，内部監査の対象としてはなじまない，もしくは現在の環境ではまだ実施困難なものも多いのが正直なところだと思いますが，より高度な内部監査に向けての思考です。

　「基本原則1　株主の権利・平等性の確保」については，法務部門等の活動として株主総会の事務手続が網羅されていることを把握したうえで，特に少数株主の権利や平等性の確保について適切な保護がなされていることを確かめることが考えられます。法律専門家との適切なコミュニケーションの存在も重要です。

　「基本原則2　株主以外のステークホルダーとの適切な協働」については，内部監査の視点から重視したいのは，第5章で解説した従業員の健康・労働環境への配慮や公正・適切な処遇，取引先との公正・適正な取引などに加え，気候変動などの地球環境問題への配慮や自然災害等への危機管理など，サステナビリティをめぐる課題に適切に取り組んでいるかの検証が挙げられます。また，内部通報制度の整備・運用状況も重要なポイントです。

　「基本原則3　適切な情報開示と透明性の確保」については，サステナ

ビリティへの取り組みや気候変動に係るリスクの開示が実態に沿っているのかについて見ていきたいところです。このあたりは，今後監査法人の監査の対象になる可能性もあり，動向には注意が必要です。

「基本原則4　取締役会等の責務」については，一義的には，取締役会や監査役会が自ら果たしていくべきものと思われます。しかしながらすでに説明した，全社的リスク管理の観点やデュアルレポーティングの構築などについては内部監査部門の貢献も大きく期待されていることに注意が必要です。

なお，監視監督を主たる責務としている取締役会や監査役会が適切な役割を果たしているかの検証については，最終的には株主総会で判定されますが，より実務的にその実効性をどのように見るかについては，コーポレートガバナンスの1つの課題だと思われます。

「基本原則5　株主との対話」については，株主からの情報提供要請や面談の申し入れに対してIR部等が適切に対応していることを確認することが考えられます。また経営戦略や経営計画の策定などについて，著しく実現可能性が乏しいものが公表されていないことも確認したいところです。

最後に，CGコードは必ず守れ，というものではなく，守らない場合には理由を開示するというcomply or explain（遵守か説明）という立場を取っていますので，特に遵守されていない事項の理由の開示が「ガバナンス報告書」で適切に行われていることを確認するべきでしょう。

2 J-SOX基準改訂が内部監査に与える影響

　J-SOXについては残念ながら形骸化が進んでいると言われる中，2023年
4月に「財務報告に係る内部統制の評価及び監査の基準並びに財務報告に
係る内部統制の評価及び監査に関する実施基準の改訂について（意見書）」
および「財務報告に係る内部統制の評価及び監査の基準」（以下J-SOX基準）
が企業会計審議会から公表されました。内部監査についても新たに言及さ
れており，その内容や影響を整理していきます。

(1) デュアルレポーティングライン

　前節で解説したCGコードで述べられていた，デュアルレポーティング
ラインについてですが，J-SOX基準でもこの点はかなり強調されています。
　従来は日本の多くの内部監査部門の実態を反映する形で，経営者への報
告についてはJ-SOX基準上記載がありましたが，それに加える形で取締役
会および監査役等への報告について言及されています。

〈J-SOX基準〉 I－4（4）内部監査人から抜粋

改訂後	改訂前
さらに，内部監査の有効性を高めるため，経営者は，内部監査人から適時かつ適切に報告を受けることができる体制を確保することが重要である。同時に，内部監査人は，取締役会及び監査役等への報告経路を確保するとともに，必要に応じて，取締役会及び監査役等から指示を受けることが適切である。	また，内部監査の有効性を高めるため，経営者は，内部監査人から適時・適切に報告を受けることができる体制を確保することが重要である。

　CGコードについて解説した前節でも同じような話が出てきましたが，
あちらでは内部監査部門から取締役会・監査役等への報告経路の確保の主

体はあくまで経営者側であったのに対し，**J-SOX基準では，内部監査人に対して「報告経路の確保」や「指示を受けること」を求めています。**

　前節からの繰り返しになりますが，単純に報告を行う会議を設定すればよいというものではなく，**取締役会や監査役会に報告するに足るだけの内容のある監査を行っていかなければ，やがて形骸化して会議が1つ増えただけということになりかねません。**J-SOX基準は内部監査部門に大きな課題を突き付けていると言えるでしょう。

　また，「必要に応じて，取締役会及び監査役等から指示を受けることが適切である。」という一文が追加されました。日本の内部監査部門の多くが社長直属であることや，三様監査の観点からすれば，連携ならともかく「指示を受ける」という表記は強すぎる感じがあり，内部監査協会は金融庁に対して意見書を提出していますが，変更は見送られたそうです。

　その前にある「必要に応じて」という部分をかなり限定的な状況と解釈し，たとえば社長自らの不正が疑われるような場合には，取締役会および監査役等からの直接指示もありうる，との考え方が妥当と思われます。

(2)　内部監査人の能力

　J-SOX基準 I － 4 （4）内部監査人の項には，上述の報告経路の件だけでなく，「内部監査人は，熟達した専門的能力と専門職としての正当な注意をもって職責を全うすることが求められる。」という一文が追加されました。これは公認会計士の倫理規則や監査基準が要求している「職業的専門家としての能力」に類似する表現です。

　IIAの基準でも類似の要件を求めており，一見すると内部監査部門側にとって望ましい追記のようにも思われます。しかし，資格の取得に厳しい資格試験合格と実務経験が求められる公認会計士に類似する要求を，企業の従業員に過ぎない内部監査人に求めるのはいささか過剰に思えます。

　実はこの点については，本書の第1章4節(4)の「専門的能力」，(5)「専門職としての正当な注意」にてすでに触れています。何かと欲張ったことが求められがちですが，第1章でも掲載した下表などを参考に，能力の向

上に努めていくという姿勢があればまずは問題ないでしょう。

（第 1 章 4 節(4)より再掲）

項目	教材等	備考
会社のビジネスとリスク	有価証券報告書（上場企業） 統合報告書（作成していれば） 同僚からのヒアリング 会社のWebsiteおよびイントラネット	有価証券報告書は「事業の状況」、「コーポレートガバナンスの状況等」に監査に関連する情報が多いです。 内部監査部門には様々な部署の経験者がいることが多いので，同僚から他部署の話を聞くことはとても有用です。
経理・財務	日商簿記検定 2 級のテキスト	検定試験に合格するのはかなり大変ですが，扱われている内容が理解できれば，まずは良いでしょう。
情報セキュリティ	情報処理推進機構のウェブサイト https://www.ipa.go.jp/index.html	情報の宝庫ですが，「情報セキュリティ10大脅威」だけでも目を通しましょう。
IT	ITパスポート試験のテキスト	簿記 2 級ほどの難易度ではないので，合格を目指しても良いと思います。
監査手続	本書	本書をよく読んでいただければ，基本的な内容は十分です。
内部監査の理論	日本内部監査協会のウェブサイト https://www.iiajapan.com/leg/	IIAおよび日本の内部監査協会が提唱している基準を見ることができます。強制力はありませんが，考え方の指針になります。

　なお，内部監査部門が独立性，専門的能力，品質管理のすべてにおいて十分な水準にある場合には，内部監査部門の作業を監査法人が，彼らの監査の一部として利用することが可能になるケースがあります。

　内部監査部門としてその水準に達することは 1 つの理想ではありますが，わが国の多くの企業の内部監査部門はまだそこまでは来ていないように思われます。その要件は，日本公認会計士協会が公表している監査基準報告書610「内部監査人の作業の利用」に詳細が書かれています。

(3) 3ラインモデル（J-SOX基準では「3線モデル」と表記）

〈J-SOX基準Ⅰ−5．内部統制とガバナンス及び全組織的なリスク管理から抜粋〉

内部統制，ガバナンス及び全組織的なリスク管理に係る体制整備の考え方には，例えば3線モデルが挙げられる。3線モデルにおいては，第1線を業務部門内での日常的モニタリングを通じたリスク管理，第2線をリスク管理部門などによる部門横断的なリスク管理，そして第3線を内部監査部門による独立的評価として，組織内の権限と責任を明確化しつつ，これらの機能を取締役会または監査役等による監督・監視と適切に連携させることが重要である。

　今回の改訂で新たに述べられた事項として，「内部統制とガバナンス及び全組織的なリスク管理」があり，その中で，体制整備の考え方として3ラインモデルが例として挙げられています。3ラインモデルについては第6章2節で解説しましたが，この考え方を提唱しているのがⅡAですので，内部監査的思考が内部統制の体制として取り入れられたこと，内部監査部門の活動が明示されたことは新しい点です。

　ただ，3ラインモデルの考え方を全面的に取り入れることにした場合，現在の多くの企業で内部監査部門が1年間にカバーしている領域よりかなり広い範囲を内部監査部門として毎年見ていくことを期待されているようにも思えます。

3 内部監査とリスクマネジメント

　CGコードにおいては「全社的リスク管理体制」の状況の確認が内部監査部門の職責の1つであるように書かれていますし，IIAもリスクマネジメントプロセスの有効性の評価は内部監査部門の職責としています。実際にはどのようなアプローチをしていくのが良いかを考えていきます。

(1)　リスクマネジメントとは

　IIAではリスクマネジメントを「組織体の目標達成に関し，合理的なアシュアランスを提供するために，発生する可能性のある事象や状況を，識別し，評価し，管理し，コントロールするプロセス」と定義し，内部監査部門はこのプロセスの有効性を評価し，改善に貢献しなければならないとしています。

　本章1節(2)で，COSOの提唱するリスクマネジメントの5つの構成要素について解説しました。しかし，あのフレームワークは1つの理想形としては理解できても，あの形を取れていなければダメだと内部監査部門から言うのはやや行き過ぎのように思います。そもそもリスクにさらされているのは，業務を行っている各部門であり，それらの部門がリスクに対する一定の対応策を持っており，それが企業として十分なものであることがリスクマネジメントの本質であるはずです。

　また，企業が適切なリスクマネジメントプロセスを構築している場合，そこで認識されているリスクを内部監査部門として把握したうえで年度や中期の監査計画策定時に参考にすることは，有効な監査を行ううえで重要なポイントとなります。

(2)　リスクマネジメントプロセス

　リスクマネジメントを行うプロセスの例は次のように示されます。

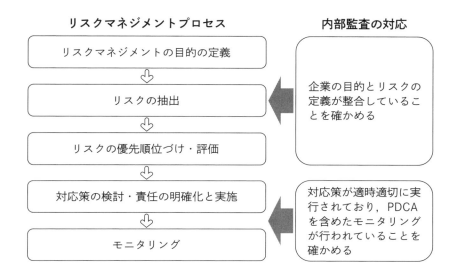

　企業が直面するリスクをすべてこの形で把握し，リスクマネジメントの専門部署が存在してこのプロセスを回していれば理想的です。しかし，そこまでの体制が整っていない場合には，どうするべきでしょうか。

　1つの考え方としては，有価証券報告書に記載されている「事業等のリスク」の内容を，誰が，どういった情報に基づいて作成しているのかを確認するという方法があります。企業のビジョンや中長期計画を踏まえて，経営陣がリスクの抽出を行い，それへの対応策を関連部署に割り当てて検討・実行する体制が整っていることが確認できれば，適切なリスクマネジメントプロセスが働いていると言えるでしょう。

　逆に，たとえば経理部などの有価証券報告書作成部署に丸投げされており，その内容について経営陣がほとんど関知していないならば，リスクマネジメントプロセスが有効に機能しているとは言えないので，まずはその部分の改善を内部監査部門から提案することが考えられます。

(3)　リスクに対する対応策

　認識されたリスクに対しては，一般的に「回避」「転嫁」「軽減」「受容」

といった対応策があるとされています。取引先への売掛金の貸倒が発生するリスクを例にとると，最初から取引を行わなければリスクは存在しないので「回避」，保険会社に保険料を払って保証を受けるのは「転嫁」，信用限度額を設定したり信用調査を厳重に行うなどの対応は「軽減」と考えられます。ただ，この3種類の分類にあまりこだわる必要はなく，どれもリスクを小さくする方法だと捉えれば良いでしょう。

　最後の「受容」だけが異質で，要するにあきらめてリスクを受け入れることです。企業経営においてすべてのリスクをゼロにすることは不可能なので，「回避」「転嫁」「軽減」といった方策を取って，残っているリスクは「受容」するというプロセスになります。

　内部監査部門としてはどうしてもリスクを極限まで小さくすることを求めてしまいがちな一方，ビジネスを行っていると「受容」するリスクが大きくなりがちなので，どこまでのリスクなら受容できるかを経営陣が適切に検討していることはリスクマネジメントのポイントとなります。

(4)　リスクマネジメントとBCP

　リスクマネジメントの議論とセットで話題になりやすいのがBCP（Business Continuity Plan，事業継続計画）です。一般的にはBCPは災害等が発生したときに事業の中断を防ぎ速やかに復旧するための計画と捉えられています。災害は大きなリスクであり，それへの対応策を持っておくことはリスクマネジメントの一部として重要です。

　内部監査の視点からBCPを見るときの主な注意点を挙げておきます。

- プランは適切に文書化され周知されているか。
- 非常時の権限移譲のルール（社長代行は誰かなど）は存在するか。
- 緊急時の従業員の安否確認が速やかに行える体制があるか。
- 備蓄品は使用期限の確認を含めて適切に保管されているか。
- 重要なデータは遠隔地にバックアップを持つ体制となっているか。
- 避難訓練等は定期的に実施されているか。

4 ESGと内部監査

　ESGとそれに関連する非財務情報の報告への主に投資家からの要請は日に日に高まっていますが，企業価値に重大な影響を与えかねないこの領域に内部監査としてどう関わっていくかは，未知の部分が多いと言わざるをえません。IIAの動向などを踏まえ，今後の変化に対応できるよう準備が望まれます。

(1) ESGとは

　ESGとは，Environment（環境），Social（社会），Governance（ガバナンス）の頭文字から来ており，これらの要素を考慮した経営や関連する情報の開示を含めた概念です。3つの領域が含む項目は明確な定義はありませんが，例としては以下のようなものがあります。

〈ESG要素と指標〉

Environment（環境）	Social（社会）	Governance（ガバナンス）
CO$_2$排出量 廃棄物管理 水質管理 原材料の調達 気候変動への脆弱性	企業の社会的責任 労務管理 データプライバシー セキュリティ 健康と安全	リーダーシップ 役員報酬 役員構成の多様性 企業風土 内部通報制度

　これらの項目に対して，企業が指標を設定し，どのくらいそれが達成できているかを開示することによって，投資家等が投資先を評価するうえでの要素の1つとしていきます。

　また，投資家のみならず取引先や消費者などのステークホルダーも，今後これらの取り組みの状況によって企業の選別を行っていく可能性があります。

ESGとともに頻繁に登場する用語として「サステナビリティ」がありますが、こちらは企業の前提条件として環境、社会、経済の3つを挙げて、これらの視点から、社会を持続可能にしていく考え方を指します。企業が自ら行う活動によりフォーカスしているのがESGですので、内部監査のターゲットとしてはESGをメインに考えていきます。

(2)　ESGに対する内部監査としての対応

ESGについては、報告の体系などが明確に定められているわけではないので、ESG関連で公表している情報について財務情報に対する会計監査のような監査を行うのはまだ難しいと考えられます。現在も議論が進んでいるところであり、今後の動向を見守る必要があります。

しかし、内部監査部門としては、**ESG関連の目標の設定、数値情報の測定や開示は、企業の他の業務と同様に監査の対象の1つとなりえます**。実際、上記のESG要素の中には、すでに第5章で解説した監査の狙いどころとして挙げているものも含まれていることにお気づきの方もいるでしょう。ESGが経営陣がコミットして対応すべきものであることを考慮すると、一例としては以下のようなアプローチが考えられます。

ESG関連の活動	**内部監査の対応**
重視するESG課題を経営者が特定する。 ⇩ 担当部署を割り当て、取締役会への報告などのガバナンス体制を構築する。	課題の特定が適切に行われていること、ガバナンス体制の整備・運用状況を確かめる。
⇩ ESG課題に関連する指標と目標値を設定する。 ⇩ 推進を行うとともに、目標値への達成度を測定する。	指標の選定や目標値の設定が適切であることを確かめる。 達成度が適切に測定され、開示されていることを確かめる。
⇩ 実態を適切な形で開示する。	

(3) 内部監査部門側からのESG対応の準備

ESGが主に経営陣が取り組むべき課題であることから，内部監査部門としては後追いの対応になることはある程度やむをえないでしょう。しかし，言われるまで何もしないのではあまりにも受け身が過ぎます。

比較的容易に実行可能な準備として，既存の監査プログラムなどの中からESGに強く関連すると思われる事項をピックアップし，それらに関連する過去の監査手続や指摘事項を整理するということが挙げられます。これまでの監査でも，アプローチは多少異なるにしても項目としては見ているのであれば，全くの初見ではないので今後の準備も負担が軽くなるでしょう。また，経営陣から問われたときにも，「過去は何もやっていない，ゼロ回答」ではないのだと説明することができます。

IIAでは「ESG報告における内部監査の役割」という文書を公表しており，単に開示項目の検証だけでなく，管理のフレームワークや指標の提言などのアドバイザリーも内部監査部門に期待する役割ととらえているようですが，日本の多くの内部監査部門としてはそこまでの役割を果たすのは，まだ難しいのではないかと思われます。

(4) 発展 気候変動関連の開示の動向

ESGの中でも特に目新しく，注目を集めているのは気候変動の影響の開示でしょう。2015年に金融安定理事会（Financial Stability Board, FSB）が気候関連財務情報開示タスクフォース（Task Force on Climate-related Financial Disclosures, TCFD）を立ち上げて，2017年に「TCFDの提言」が公表されました。2021年のCGコード改訂で，特にプライム上場企業は「TCFDの提言」またはそれと同等の枠組みによる開示が求められています。

TCFD提言は「ガバナンス」「戦略」「リスク管理」「指標と目標」の4つのカテゴリーの中に以下のような11項目の開示を推奨しています。

ガバナンス：気候関連のリスク及び機会に係る組織のガバナンス	
1	気候関連のリスク及び機会についての取締役会による監視体制
2	気候関連のリスク及び機会を評価・管理する上での経営者の役割
戦略：気候関連のリスク及び機会がもたらす組織のビジネス等への実際及び潜在的な影響	
3	短期・中期・長期の気候関連のリスク及び機会
4	気候関連のリスク及び機会が組織のビジネス・戦略・財務計画に及ぼす影響
5	様々な気候関連シナリオに基づく検討を踏まえた組織の戦略の強度や柔軟性
リスク管理：気候関連リスクについて組織がどのように識別・評価・管理しているか	
6	気候関連リスクを識別・評価するプロセス
7	気候関連リスクを管理するプロセス
8	気候関連リスクを識別・評価・管理するプロセスが組織の総合的リスク管理にどのように統合されているか
指標と目標：気候関連のリスク及び機会を評価・管理する際に使用する指標と目標	
9	戦略とリスク管理プロセスに即して気候変動のリスク及び機会を評価する際に用いる指標
10	自社の直接・間接排出及び自社サービスのサプライチェーン全体での温室効果ガス排出量とその関連リスク
11	気候関連リスク及び機会を管理するために用いる目標と実績

　なお，TCFD関連の開示の状況については，日本取引所グループのウェブサイト「ESG情報開示枠組みの紹介」（https://www.jpx.co.jp/corporate/sustainability/esgknowledgehub/disclosure-framework/02.html）で実態調査等について掲載されていますので，自社の状況の妥当性を監査する場合にはこちらも参考になるでしょう。

第 **8** 章

IIAの理論と
公認内部監査人の資格

●**本章のポイント**●

IIAは2024年1月にグローバル内部監査基準
を公表しました。本章では新旧のIIAの提唱
する内部監査のフレームワークと，公認内部
監査人（CIA）試験について解説します。

1 IIAが提唱する内部監査のフレームワーク

　これまでにも何回かIIA（The Institute of Internal Auditors, 内部監査人協会）とIIAの提唱している内部監査の基準などについて触れてきました。IIAの基準は日本の企業に対して強制力を持つものではありませんが，組織や提唱しているフレームワーク等については理解しておくべきです。

(1)　IIAとは

　IIAとは，アメリカのフロリダ州に本部を置く団体で，1941年に設立され，現在は100以上の国と地域に代表機関（Institute）を持ち，245,000名以上の会員が個人単位で登録されています。日本においては一般社団法人日本内部監査協会が，IIAの代表機関となっています。

　IIAのミッションは，「世界の内部監査という職種に対して，活動的な規範を提供すること」とされています（原文：The mission of The Institute of Internal Auditors is to provide dynamic leadership for the global profession of internal auditing. IIAウェブサイトより抜粋）。より具体的な活動としては，グローバル内部監査基準などの内部監査に関する基準やガイダンスを作成，公表すること，公認内部監査人（Certified Internal Auditor, 以下CIA）資格の試験や認定の実施，組織に付加価値を提供する内部監査専門家の価値の提唱，内部監査人の間での情報と経験の共有の支援などを行っています。

　IIAの提唱する基準等に従うことや，CIAなどの資格を保有することは内部監査業務を行うにあたっての必須の要件ではありませんが，**IIAの世界的な広がりや情報の蓄積を考えれば，それを無視して内部監査業務を行うことは適切とは言えないでしょう。**

(2) 専門職的実施の国際フレームワーク（IPPF）とは

IIAは内部監査について様々な基準やガイダンスを公表していますが，それら全体の体系をInternational Professional Practices Framework（専門職的実施の国際フレームワーク，以下IPPFと略）と呼んでいます。

IPPFはIIAとしては遵守を求める「必須のガイダンス」と，推奨にとどめる「推奨されるガイダンス」で構成されています。

なお，IPPFは基幹となる内部監査の基準を中心に大幅な改訂を実施しており，本書執筆時の2024年4月時点では，2015年に発表された旧IPPFと，2025年1月より全面適用となる新グローバル内部監査基準をベースとした新IPPFが併存しつつ，新IPPFに含まれる項目の公表準備が進んでいる状況です。

〈旧IPPFの構成〉

- ●「内部監査の使命」が全体を包む
- ●必須のガイダンス
  - ・基本原則
  - ・内部監査の定義
  - ・国際基準
  - ・倫理綱要
- ●推奨されるガイダンス
  - ・実施ガイダンス
  - ・補足的ガイダンス

（日本内部監査協会ウェブサイトより転載）

上図は2015年に公表された旧IPPFの枠組みです（フレームワークが枠組みという意味なので違和感がありますが，日本内部監査協会の記述に沿っています）。新IPPFの適用は2025年1月からですが，後述するCIA試験の日本語での新IPPF版への移行は2025年7月と発表されています。

(3) 新しくなったIPPFとグローバル内部監査基準

IIAは2024年1月に，上記の旧IPPFの必須ガイダンスおよび実施ガイダンスを包括した形で新たにGlobal Internal Audit Standards（グローバル内部監査基準）を公表しました。この中で新しいIPPFについても触れています。下図が新IPPFの枠組みで，一番外側の"Global Guidance"以外は必須の事項となっています。

（IIAウェブサイトより転載）

〈新IPPFの構成〉

必須	Global Internal Audit Standards（グローバル内部監査基準） 旧IPPFの必須のガイダンスに含まれていた「内部監査の使命」「基本原則」「内部監査の定義」「国際基準」「倫理綱要」に加えて，推奨されるガイダンスとされていた実施ガイダンスにあたる内容を相当程度含めている。
	Topical Requirements 特定の監査対象に関連する内部監査の品質を向上させるガイダンス。IIAで内容を準備中（2024年4月現在）
補足	Global Guidance 従来の補足的ガイダンスを引き継ぐものと考えられる。特定の産業に関連するものや，情報セキュリティ関連の監査の情報提供などが含まれる。

(4) グローバル内部監査基準の構成

　新IPPFの根幹を成すグローバル内部監査基準は，5つのドメインと，その下にぶら下がる15項目のPrinciple（原則），さらに原則の下にいくつかのStandard（基準）が存在するという構成になっています。各基準はさらにRequirements（要求事項），Consideration for Implementation（実施にあたり考慮する事項），Examples of Evidence of Conformance（準拠の証拠の例）の3項目の記載で構成されています（下図参照）。

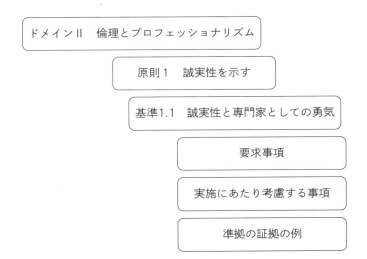

　基準は50項目以上あり，グローバル内部監査基準は英文で120ページの膨大な資料ですので，本書では5つのドメインおよび15の原則の概略を説明するにとどめます。なお，同基準の日本語訳は本書執筆時点では日本の内部監査協会からリリースされていませんので，後日翻訳が公表された場合，異なる用語で訳される可能性があることにご留意ください。

(5) グローバル内部監査基準の 5 つのドメインと15の原則

① ドメインⅠ「内部監査の目的」

　内部監査の目的として,「組織の目的の達成」「ガバナンス, リスクマネジメント及びコントロールプロセス」などを強化すること, およびどういった状況で内部監査が有効になるかについて述べています。ドメインⅠはそれのみで完結しており, その下の原則や基準は存在しません。

② ドメインⅡ「倫理とプロフェッショナリズム」

　内部監査人が従うべき職業上の倫理や期待される行動について述べています。これらに従うことで, 内部監査に対する信頼が築かれ, 内部監査部門内で倫理的な文化が醸成され, 内部監査人の業務と判断に対する信頼の基盤が提供されるとされています。ここに含まれる原則は下記の 5 項目, 基準は13項目になります。

	原則		基準
1	誠実性を示す	1.1 1.2 1.3	誠実性と専門家としての勇気 組織からの倫理についての期待 法的・倫理的な行動
2	客観性の維持	2.1 2.2 2.3	個人の客観性 客観性を守る 客観性の欠如の開示
3	専門的能力を示す	3.1 3.2	専門的能力 専門家としての継続的な成長
4	職業的専門家としての正当な注意の発揮	4.1 4.2 4.3	グローバル内部監査基準への適合 職業的専門家としての正当な注意 専門家としての懐疑心
5	守秘義務	5.1 5.2	情報の利用 情報の保護

③ ドメインⅢ「内部監査部門のガバナンス」

　内部監査部門長による, 取締役会（ここでいう取締役会は執行ではなく監督に特化, 日本では監査役会が担う部分も含まれる）からの監督を含めた関係性の構築と, 内部監査部門の独立性などについて述べています。 3 項目

の原則と 8 項目の基準で構成されています。

	原則	基準
6	取締役会からの承認	6.1　内部監査の委任 6.2　内部監査規程 6.3　取締役会及び経営陣の支援
7	独立の立場	7.1　組織上の独立性 7.2　内部監査部門長の必須要件
8	取締役会による監督	8.1　取締役会との対話 8.2　内部監査部門のリソース 8.3　品質 8.4　品質の外部からの評価

④　ドメインⅣ「内部監査部門の管理」

　内部監査部門長が，内部監査規程とグローバル内部監査基準に従って内部監査部門をどのように管理していくか，また，長期的にどのようにして内部監査部門に期待される役割を果たしていくべきかなどについて述べられています。 4 項目の原則と16項目の基準で構成されており，最もボリュームのあるドメインとなっています。

	原則	基準
9	戦略的な計画	9.1　ガバナンス，リスクマネジメント及びコントロールプロセスの理解 9.2　内部監査の戦略 9.3　方法論 9.4　内部監査の計画 9.5　連携と依拠
10	リソースの管理	10.1　予算管理 10.2　人材管理 10.3　テクノロジーのリソース
11	効果的にコミュニケーションする	11.1　ステークホルダーとの関係構築とコミュニケーション 11.2　効果的なコミュニケーション 11.3　内部監査結果のコミュニケーション 11.4　最終報告のエラーと脱漏 11.5　リスク受容についてのコミュニケーション
12	品質の向上	12.1　品質の内部評価 12.2　パフォーマンスの測定 12.3　監査業務のパフォーマンスの監督と向上

⑤ ドメインⅤ「内部監査業務の実施」

個々の内部監査業務を実施するにあたって，計画立案，実際の監査の作業を経て指摘事項や改善提案を含めた報告書を作成するうえで実行すべき内容が記載されています。

	原則		基準
13	個別業務の効果的な計画	13.1 13.2 13.3 13.4 13.5 13.6	個別業務におけるコミュニケーション 個別業務におけるリスク評価 個別業務の目的と範囲 評価の基準 個別業務のリソース 監査プログラム
14	個別業務の実施	14.1 14.2 14.3 14.4 14.5 14.6	分析と評価のための情報収集 分析と潜在的な検出事項 検出事項の評価 改善提案と改善計画 個別業務の結論 個別業務の文書化
15	個別業務の結論の伝達と改善計画の進捗のモニタリング	15.1 15.2	個別業務についての最終的なコミュニケーション 改善提案もしくは改善計画の進捗状況の確認

(6) 参考 旧IPPFの概略

IIAは2025年1月からは新IPPFの全面適用を求めていますが，日本におけるCIA試験が新IPPFに切り替わるのは2025年7月予定であること，2024年度は移行期間であることを踏まえ，旧IPPFについても，「必須のガイダンス」とされている部分について触れておきます。推奨されるガイダンスについての解説は省略します。右の図は，本節2項で触れた旧IPPFの枠組みです。

（再掲：日本内部監査協会ウェブサイトより転載）

① 内部監査の使命

　全体を包んでいる「内部監査の使命」は，「内部監査の使命は，リスク・ベースで客観的な，アシュアランス，助言および洞察を提供することにより，組織体の価値を高め，保全することである。」と述べられています。

② 基本原則

　正式には「内部監査の専門職的実施のための基本原則」という名称で，以下の10項目で構成されています。

- ●誠実性を実践により示すこと
- ●専門的能力と専門職としての正当な注意を実践により示すこと
- ●客観的で，不当な影響を受けないこと（独立的）
- ●組織体の戦略，目標およびリスクと整合していること
- ●適切に位置付けられており，十分な資源が提供されていること
- ●品質および継続的な改善を実践により示すこと
- ●効果的に伝達を行うこと
- ●リスク・ベースのアシュアランスを提供すること
- ●洞察力に優れ，先見性があり，未来志向であること
- ●組織体の改善を促進すること

③ 内部監査の定義

　IIAの定める内部監査の定義として「内部監査は，組織体の運営に関し価値を付加し，また改善するために行われる，独立にして，客観的なアシュアランスおよびコンサルティング活動である。内部監査は，組織体の目標の達成に役立つことにある。このためにリスク・マネジメント，コントロールおよびガバナンスの各プロセスの有効性の評価，改善を，内部監査の専門職として規律ある姿勢で体系的な手法をもって行う。」と述べられています。

④　国際基準

　正式名称は「内部監査の専門職的実施の国際基準」で，序文，内部監査人や内部監査部門がどうあるべきかを主に定める「属性基準」と，内部監査部門をどのように運営し，実際にどのように監査を行っていくかを記した「実施基準」および用語一覧から構成されています。これが改訂されて前節で解説した「グローバル内部監査基準」が新たに定められました。
　ただし，改訂前の国際基準は「実施にあたり考慮する事項」や「準拠の証拠の例」にあたる記載は少なく，全部で30ページ程度のものでした。すでに日本内部監査協会のウェブサイトからはこの旧基準は削除されています。

⑤　倫理綱要

　内部監査部門および内部監査人が従うべき倫理を定めたもので，１．誠実性，２．客観性，３．秘密の保持，４．専門的能力の４項目について，原則と倫理行為規範の２段階で守るべきルールを述べています。新IPPFにおいては，ドメイン２「倫理とプロフェッショナリズム」にほぼ移行しています。

2　CIA試験の概要と対策

　専門職とされる内部監査人にとって，資格を取得することは知識の習得や整理，自らの技能の証明など様々な利点があります。内部監査関連の資格について簡単に触れたうえで，最もポピュラーな公認内部監査人（Certified Internal Auditor, CIA）の試験対策などについて説明します。

(1)　内部監査関連の資格

　内部監査の仕事は，何か資格がなければやってはいけないということはありませんので，あくまで実務に役に立つ知識を持っている証明ということになります。内部監査に有用と思われる資格を簡単に説明していきます。

①　CIA

　CIAは，IIAが認定を行っており内部監査人として唯一の国際的な資格とされています。詳細は後述します。

②　CISA（Certified Information Systems Auditor, 公認情報システム監査人）

　ISACA（Information Systems Audit and Control Association, 情報システムコントロール協会）が認定する，情報システムの信頼性・安全性・効率性を検証する監査の専門資格です。

③　CFE（Certified Fraud Examiner, 公認不正検査士）

　ACFE（Association of Certified Fraud Examiners, 公認不正検査士協会）が認定する，不正の防止・発見・抑止の専門家であることを示す国際的な資格です。内部監査部門が，内部通報などによる社内の不正調査を行う場合もあるので，そういった場合に有用な資格と考えられます。

④　公認会計士／USCPA（米国公認会計士）

　日米の公認会計士資格は，主に会計監査を行うための専門資格です。その試験科目には監査論（Audit）の他，財務会計，管理会計，経営学など，内部監査を実施するうえでも有用で，CIAの試験でも問われる内容が多く含まれています。会計監査を経験している公認会計士は，内部監査業務との親和性はかなり高いと言えるでしょう。

　ただ，現在の会計監査は問題点の発見と改善より，対外的に説明可能な水準の検証を行ったこととその文書化に重点が置かれているので，組織貢献が求められる内部監査との相違点も認識が必要です。

⑤　中小企業診断士

　ここまでに挙げた資格と比較すると，監査関係の資格として挙げられることは少ないですが，試験科目には財務・会計の他，経営法務や経営情報システムなど，ある程度の知識があると内部監査に有用と考えられる科目が複数含まれており，親和性が高いと考えられる資格です。

⑥　外国語

　資格とは少し異なりますが，特にグローバル展開している企業であれば，外国語力，特に英語，次いで中国語の能力は有用です。自ら監査に行く場合は当然のこととして，日本から現地採用の内部監査人に指示を出したり報告を受けたりする場合でも，相手が日本語を話せるケースは稀ですので，こちらが外国語をマスターすることはコミュニケーションの質を大きく向上させます。

(2)　CIAの試験と資格について（2024年4月時点）

> ⚠️注意
>
> 　CIA試験は，IPPFの改訂に伴い，2025年7月から新試験に移行すると発表されています。ここでは現行の試験について述べますが，IIAは新試験に移行しても旧試験のPartごとの合格は有効としていること，IPPFの要求内容に劇

> 的な変化があったわけではないことから，現行の試験の状況の理解は新試験移行後であっても有用と思われます。

　CIAは，IIAが認定を行っている資格ですが，日本語でも受験可能です。また，受験資格や認定の要件もUSCPA（米国公認会計士）などと比較すると厳しいものではありません。本書執筆時点では，受験条件は4年制大学を卒業していること，もしくは内部監査に関連する特定の業務に一定期間従事していることのいずれかとなります。また，受験や認定に推薦人が必要とされていますが，職場の上司もしくはCIA保持者であればよいので，それほどハードルの高いものではないでしょう。資格試験予備校でも受験手続のサポートを行っているようです。

　試験科目はPart1・Part2・Part3の3科目に分かれており，別々に受験可能です。科目別合格制で，一度不合格になると，次の受験まで60日空けるという制約があります。また，最初の受験登録から3年以内に全科目合格することが求められています（1回だけ1年の有料延長可能）。試験は試験センターに予約を入れて自分の都合の良い日時に受けに行き，コンピューターに向かって，すべて四択式の問題を解き，終了後はすぐに合否がわかります。また，一定の要件を満たせば，在宅での受験も可能です。

(3)　CIA取得のメリット

　内部監査はルールが不明確で，様々な問題が発生したときにどのように進めたらよいのか悩むことが多い仕事です。監査で発見した指摘事項に対して被監査部門の理解が得られない，当初計画していた出張が急なコスト削減で実施できない，人を採用しようとしても採用の許可が下りないなど，様々な悩みやトラブルが発生したときに，**本来あるべき理想とはどういうものか，という考え方を学べることが**，CIA資格の大きなメリットです。単に自分や内部監査部門としての希望，というだけでなくそれがIIAの考え方と方向性が一致していれば，より自信をもって自説を述べることができるでしょうし，逆に自説がIIAの考え方と一致しなければ，一歩引いて

自説を再考するヒントになるでしょう。

　また，第7章で述べたようなCGコードやJ-SOX基準改訂などの影響も
あり，近年，内部監査人材の需要は高まっています。多くの会社の内部監
査部門が中途採用を行っていますが，必須条件および歓迎条件としてCIA
がまず挙げられていることは非常に多いです。**自らの人材としての市場価
値を高めるうえでも資格取得には大きなメリットがある**と言えます。

　上場企業の中には，有価証券報告書の「内部監査の状況」の項目で，
CIA保有者数を記載してコーポレートガバナンスへの積極的な取り組みの
一環としている企業もあるので，資格取得が個人のみでなく，企業にとっ
ても対外的なアピールポイントになることもあります。

(4)　CIA取得のデメリット

　CIA試験は，試験内容がアメリカの会社制度を前提にしていることなど
から日本企業の実務と乖離している部分があります。また，理論では理解
できても，会社の状況から実務上はそこまではできないといった内容も
多々あります。**ある程度，理論は理論として割り切って試験に臨む必要が
あることには注意しておくべきでしょう。**内部監査部門に配属されたばか
りの人がいきなりCIAの試験勉強をすると，会社での実務との乖離にか
えって混乱する可能性もあります。配属後数カ月は実務をやってみて，内
部監査人としてのスキル向上の意欲が湧いてきたら受験するのが良いケー
スもあるでしょう。

　また，アメリカ系の資格に共通なのですが，受験料が高額です。詳細は
日本内部監査協会のウェブサイトにて確認していただくのが良いですが，
すべての科目に1回で合格するとしても10万円以上は確実にかかります。
さらに，資格の維持にも，毎年一定の自己研鑽を行うことと会費の支払が
必要になることも認識しておくべきでしょう。

(5) CIA試験「Part 1　内部監査に不可欠な要素」について

　CIA試験の範囲については，IIAがシラバスを公表しています。それに
よればPart 1 の試験範囲は以下のとおりです。

	ドメイン	比率
I	内部監査の基礎	15％
II	独立性と客観性	15％
III	熟達した専門的能力および専門職としての正当な注意	18％
IV	品質アシュアランスと改善のプログラム	7％
V	ガバナンス，リスク・マネジメントおよびコントロール	35％
VI	不正リスク	10％

　対策としてはまず，「必須のガイダンス」に含まれている「基本原則」，
「内部監査の専門職的実施の国際基準」，「倫理綱要」をよく読み込んでお
くこと，特に「内部監査の専門職的実施の国際基準」の前半の「属性基
準」の部分の理解が重要になります。

　また，配点の大きい「ガバナンス，リスク・マネジメントおよびコント
ロール」については，COSOの全社的リスクマネジメント（第7章1節(2)
で解説）やCOSOの内部統制フレームワーク，ISO31000リスクマネジメン
トなどの概要を理解しておく必要があります。

　受験にあたってのコツですが，4つの選択肢のうち，どちらでも良さそ
うなものが2つ残ることが多々あります。そういった場合，「どちらがよ
りマシか」，「どちらがIIAの考え方により近そうか」という視点で解答す
るのが良いようです。大量の知識を暗記して，絶対的な解答を選ぶという
意識にとらわれすぎないようにしましょう。

(6) CIA試験「Part 2　内部監査の実務」について

　Part 2 の試験範囲は以下のとおりです。

	ドメイン	比率
I	内部監査部門の管理	20％
II	個々の業務に対する計画の策定	20％
III	個々の業務の実施	40％
IV	個々の業務の結果の伝達および進捗状況のモニタリング	20％

　Part 2 もPart 1 と同様に「必須のガイダンス」をよく読み込んでおくことが基本となります。特に，「内部監査の専門職的実施の国際基準」の後半の「実施基準」が重要です。「個々の業務の実施」では，具体的な監査の際の手続なども問われます。

　本書の第3章で取り上げている内容の他，監査で検証する取引などをどうやって全体の中から取り出すかの手法であるサンプリングや，監査証拠の要件なども理解する必要があります。各社で行っている実務とは乖離している部分も往々にしてありますが，あるべき論を学ぶという姿勢で臨むと良いでしょう。

　また，Part 1 と同様，受験時には選択に迷うケースが多々出題されますが，絶対的な正解というよりは，幾分かでもマシなほう，IIAの考え方に近そうなほうを選ぶことが大事です。その意味では，Part 1 とPart 2 はまとめて学習して，両方の試験を近いタイミングで受験するのも良い方法です。

(7)　CIA試験「Part 3　内部監査のためのビジネス知識」について

　Part 3 の試験範囲は以下のとおりです。

	ドメイン	比率
I	ビジネス感覚	35％
II	情報セキュリティ	25％
III	情報技術，IT	20％
IV	財務管理	20％

Part 3 はPart 1，2 と異なり，経済学，経営学，簿記や原価計算といっ
たビジネスの周辺知識を幅広く問われるほか，IT・情報セキュリティに
ついての広範な出題がなされます。したがって，これまでにITや会計に
関する資格を取っていたり，実務に従事している方にとっては非常に基本
的な内容が出題される一方，畑違いの内容については苦戦を強いられる
ケースが多いようです。IT関連については思い切って，ITパスポートの
テキストなどで学習することも検討すると良いでしょう。

Column⑥

コントロール・セルフ・アセスメント（CSA）の難しさ

　内部監査部門のリソース不足を補う手法の１つに，CSAというものがあります。これは，監査という形を取らずとも，企業内の各部署が自分たちで内部統制の有効性などについて自己評価を行う活動を指し，2010年前後には日本内部監査協会から盛んに発信が行われていたようです。

　具体的な手法としては，ワークショップ方式とアンケート方式が典型的なものです。

　「ワークショップ方式」は各部署の重要なプロセスについて，関与している従業員を集めて，内部監査人がファシリテーションを行いながら現状と問題点，課題を話し合いレポートにまとめていく方法です。「アンケート方式」は主要な内部統制の整備・運用状況について携わっている従業員にアンケートを行い，その結果を内部監査部門が受領して評価する方法です。

　ワークショップ方式が定着し，ファシリテーションも自部門で行うようになれば理想的ですが，J-SOXの３点セットの更新でさえ，なかなか各部門では実施されない状況を考えると，定着は困難でしょう。また，アンケート方式の回答をそのまま受け取ると，往々にして自分たちに甘い部門が低リスクと判断されるという誤認が生じます。筆者の勤務先で，世界中の製造拠点にアンケートを行ったところ，最も事故や品質不良が少ない日本が，自分たちに厳しく回答した結果，世界でかなりリスクが高いと判定されてしまったことがあります。

　こうした問題に対する有効な打ち手が乏しいためか，現在ではCSAについて議論されることは少なくなっているという印象です。ただ，企業ではありませんが，農林水産省，国土交通省などの中央省庁では，「行政事業レビュー」という名称でCSAに類似した活動が行われています。

第 **9** 章

より高度な内部監査

●**本章のポイント**●

企業活動の範囲が広がれば，それに伴って内部監査の範囲も拡大する必要があります。また，経営者などからの期待も間違い探しのような守りの監査にとどまらなくなってきます。そういった状況に対処するための様々な監査の手法について解説します。

1　ビジネスに貢献する売上高・営業部門監査

　内部監査においては，売上高・営業部門の監査は，J-SOXに代表されるような，手続への準拠性を確かめる手続がメインとなりがちです。ここではもう一歩踏み込んで，内部監査を通じてよりビジネスに貢献する監査を行う方法について考えていきます。

(1)　売上高についての一般的な監査アプローチ

　売上高の監査を行う場合，最初に焦点になるのは，計上されている売上高の数字が正しいか，ということです。これを検証するために一般的に行われるのは，会計監査やJ-SOXで用いられる手法と同様で，監査対象期間の売上高のデータを入手して，そこからサンプルを抽出し，個別の取引が契約や法令，会計基準等に従って適切に計上されているかを確かめていくという方法です（下図参照）。

〈売上の監査〉

　この方法によって，検証を行ったサンプルに問題がなければ，全体としても計上されている売上高は正しいだろうという推測ができるというストーリーです。会計監査もJ-SOXも入っていない子会社等の監査を行う場合にはこうしたアプローチを検討する必要があります。売上高が正しく計上されているかということは，監査として確認すべき重要なポイントであ

るからです。

　しかし，会計監査やJ-SOXの対象となっている子会社や事業部に対して内部監査を行う場合，この手法では小さなエラーの発見はできても，経営の改善に資するような指摘を発見するのは困難です。そもそも**毎年行われている会計監査等と同様の手続を内部監査部門が実施するのは効率的な監査とはいえませんし，被監査部門も納得しない可能性すらあります。**

　このような場合には，よりビジネスの本質に踏み込んだ内部監査を行い，改善を提案することができれば，内部監査部門のプレゼンスの向上につながります。

(2)　価格と原価の設定についての検証

　簡単なモデルを使って考えてみましょう。ある商品を1個300円で1,000個仕入れて400円で販売する場合，売上，売上原価，売上総利益（粗利）は以下のようになります。

数字の正しさは
会計監査で確認済

```
売　　　上＝販売数量×価　　　格＝1,000個×400円＝400,000円
売上原価＝販売数量×仕入単価＝1,000個×300円＝300,000円
売上総利益（粗利）　＝　　　売上－売上原価　　　＝100,000円（粗利率25％）
```

この設定が適切か
を検証する

　このとき，価格や仕入単価，販売数量の数字の正しさは会計監査で検証済なので，内部監査としては別の切り口を考えてみます。

　売上は，「販売数量×価格」で決まります。販売数量は企業が決めることはできないので，価格の設定こそが売上に対して企業が影響を与えることができる項目です。したがって，内部監査でも価格設定の妥当性を見ていきましょう。そのためにはまず，その商品・サービスからどのくらいの

利益率を目指しているのかを把握しましょう。売上原価に，必要とされる利益を上乗せした額が，販売価格の基本となるはずです。上記の例では仕入単価300円に，1個当たりの利益100円を加えた400円が価格となっており，粗利率は25％です。

　次いで，その利益率が果たして実現可能なもの，妥当なものかの検証を行います。もちろん，ビジネスに精通していない監査人が完ぺきな検証を行うことは難しいですが，市場や競合，過去の実績や自社の他の商品等と比較して妥当な水準にあるのかを見ることはできるでしょう。また，企業として持っている事業計画から大きく乖離した利益率を想定している場合は，価格の設定に問題がある可能性があります。上記の例ならば，もしこの産業での利益率が40％が通常であるならば，400円という価格設定自体に問題があるのでは，と考えることができます。

　また，原価については外的要因も多く作用しますが，販売価格を低く抑えながら利益を確保する計画を作りたいがために，**原価を意図的に低めに見積もる可能性は存在します**。自社製品なら，過去の計画と実績を対比して，原価を過剰に低く見積もるような傾向がないかという点は，比較的検証しやすいポイントです。

(3)　販売計画の妥当性の検証

　企業は，当年度や中長期の予測を作成し，上場企業であればそれを公表しています。個別の営業部門の予測は当然その一部分を構成するはずなので，両者がある程度整合していることを確認しましょう。販売計画は，現場からのボトムアップの数字より高めの数値が設定されることが多いですが，それでも**実現可能な範囲のものであることが重要**です。過剰な販売計画には以下のような弊害があります

- 過剰な販売計画に基づき過剰な在庫を抱えることになる。
- 過剰な在庫の保管コストが発生する。
- 出荷のための輸送手段の手配が無駄になる。

第9章　より高度な内部監査　165

- ●過剰人員を抱えて収益を生まない人件費が発生する。
- ●業績の下方修正を求められ，資本市場での信頼を失う（株価の下落）。

　これだけの弊害があることを考えれば，販売計画をできる限り正確に作成する努力を営業部門としても企業全体としても行っていくべきであることがおわかりいただけると思います。内部監査からの指摘は適切な販売計画作成に向けてのプロセス改善の一助となりえます。

(4)　顧客との関係（主にB to Bのケースを想定）

　B to Bのビジネスで顧客との関係においては，取引基本契約書が存在したうえで個別の受注〜出荷／サービス提供〜売上計上／請求〜代金回収という大きな流れがあります。会計監査やJ-SOXでも確認している部分が多いですが，内部監査視点で注意すべき点を挙げていきます。

①　契約締結時の注意点

　まず，契約締結時ですが，取引する相手として適切か否かのスクリーニングを行ったうえで，掛売にあたっての支払期限や信用限度額の設定などが行われていることを確認する必要があります。そのうえで取引先マスターへの情報登録や登録内容の変更が安易に行われない体制になっていることも見ていきます。

　ここが弱いと，たとえば回収遅延が発生していても，支払期限を適当に延長することで遅延の存在を隠ぺいするなどの行為が可能になってくるので重要なポイントです。仮に回収遅延や限度額超過が発生している場合，「そもそも当初の設定が実態に合わず不合理」なのか，「相手先に問題があっての遅延や超過」なのかをよく見極めて，再設定が妥当なのか，督促と解消が妥当なのかも，監査指摘とする場合には注意するべきです。

②　独占禁止法

　実際の販売を行っていく過程においては，独占禁止法に抵触する可能性

をきちんと排除するプロセスがあることを確認しておく必要があります。よく問題になるのは，取引先が商品等をさらに第三者に販売するような業態の場合の「再販価格の指定」です。ブランドイメージを損ねたくないなどの理由で自社製品を過剰に安く市場に出してほしくないということが時としてありますが，「これ以上の価格でしか売るな」といったことを言ってはいけないというルールです。

　また，ネット販売を自社で行っている場合，その価格が小売店での販売価格より安かったりすると，法律の問題はさておき，ビジネスとしては問題となる可能性があります。ネット販売を担当している部署と，B to Bの営業を行っている営業部門が別々に動いているとこういったことも気にする必要があります。

(5)　価格に影響を与える活動の洗い出し

　売上目標を達成するために，値段を下げたり付加的なサービスを提供することは営業のプロセスの一部です。これらが会社の利益を上げるような形で行われていることの検証を行いましょう。

①　値引き

　値引きについては，承認の体系が適切であること，頻繁に行うことはできるだけ避ける形になっていることを確認します。現場の営業マンは値引きが大好きですし，一度下げた値段を上げる（戻す）ことを嫌がることが多いです。

　あともう少しで売上目標達成というときに値引きすれば，比較的容易に売上を計上できること，一度下げた値段を戻すと顧客から非常に嫌がられることがその理由です。しかし，月末や年度末の値引きが恒常化すれば，得意先も，こちらが苦しくなって値引きしてくるのを待つようになります。こうなると，買いたたかれるうえに出荷が月末などに集中して物流の面でも問題が起きやすくなり，ビジネスに大きなマイナスです。

　値引きについては，限定的な状況に限るとともに，あくまでワンタイム

を原則とすることが，長期的な利益を守ることにつながります。月末期末に値引きと大量出荷が続くような場合には見直しを求める余地があります。

　また，ワンタイムでの値引きや期間を限定した特価などは，期限を過ぎたら元の価格に戻すプロセスが有効に働いていることも確かめましょう。

② リベート

　大量に購入してくれる得意先にリベートを支払うのは典型的な営業施策の１つです。一定の期間内の購入額に応じて，売掛金を減額したりキャッシュを支払ったりというスタイルが一般的ですが，**リベートは得意先がより多くの購入をするインセンティブにならなければいけません。**

　リベート対象期間が始まる前に得意先とは覚書を結んでおき，対象期間が始まったら全力で買ってもらうのが正しい姿ですが，習慣化してしまい，毎年同じ条件でリベートを出し続けるケースや，販売対象期間終了間際になってリベート覚書を結ぶケースなどは，自社の利益を長期的に損ねている可能性について検証しましょう。

　また，購入金額が増えるとリベートの率を増やすという方法も一般的ですが，その場合高いリベートの率はあくまで購入額が一定額を超えた部分にのみ適用するべきです。

　理想的にはリベートはあくまで前期より多く購入してくれた部分についてのみ支払うというものですが，そこまでは徹底できないにしても，恒常的な値引きと同じことになっているリベートに対しては内部監査がメスを入れる価値はあります。

─── 良いリベート ───	─── 悪いリベート ───
✓リベート期間前に締結 ✓注力商品に限定 ✓成長率に応じて支払 ✓一定額を超えた部分に高率	✓リベート期間開始後に締結 ✓注力商品なし ✓売上に応じて支払 ✓一定額を超えると全体に高率

③ 金券等を利用した販促キャンペーン

購入数量に応じて何らかのオマケを付けるキャンペーンも一般的に行われます。オマケが社外の物品の場合は購入して販売費処理となるので問題になりにくいですが，得意先の担当者に，購買量に応じて金券を渡すようなキャンペーンも見かけます。金券そのものの取り扱いにも注意が必要ですし，売上の金額を大きくしたままにしておくため本来は売上から控除すべき実質的な値引きを販売費にしていないかという観点からも，検討を行うべきでしょう。

内部監査からの注意喚起は，惰性で続いているキャンペーンの見直しにも有益です。第4章3節でもこうした事例に対する検討を例示で説明していますので合わせてご参照ください。

④ 商品の無償提供（サンプル，BOGO（buy one, get one））

サンプルなどの名目で商品を無償で提供したり，「x個購入してくれたらy個を無償で渡します」というキャンペーン（海外では多く，1個買うと1個もらえる（buy one, get one）の頭文字を取ってBOGOと呼びます）も，平均単価が下がる意味では値引きに類似した取引です。

ただし，値引きなどと比較したときに，入金なしにモノが出荷されますので，横流しの対象となっているのでは，というリスクがあります。キャンペーンや契約の実態の存在，出荷先が得意先となっていることなどのきちんとした検証が必要になります。

(6) 押込み販売と返品

月末・期末に取引先に無理を言って商品を一時的に買ったことにしてもらい，翌月になったらすぐに返品して売上を取り消す，古典的な押込み販売は，厳密には返品調整引当で対応されるので会社としての売上増加には必ずしもつながりませんが，毎月引当金計算を行わない会社もあると思いますし，月次での達成度はこれでごまかされてしまう可能性もあります。

月末・期末に特に多くの売上が上がっている場合，翌月の返品の有無や

価格設定などを詳細に確認し，一時的な数字を作るための押込みだと判断された場合は，やめるように働きかけるべきでしょう。また，返品ではないにしても，得意先が必要とするより明らかに多い量を，無理に値引いて販売することも極力避けるべきです。結局それは需要の先食いをしているに過ぎず，値引きは，本来得られる利益を失っていることになるためです。

(7) 会計監査と連携したい項目

　売上とその周辺に付随する取引については，会計処理の妥当性も大きな問題となりますので，会計監査を行っている監査法人とも連携を図っていくべきです。特に重要な項目としては，以下のようなものが挙げられます。

- ●回収遅延への対応および貸倒引当金の設定方針
- ●リベートについての引当の妥当性
- ●返品調整引当金の計上の妥当性
- ●価格に影響を与える項目の会計上の扱い（売上控除か費用か）

　内部監査から懸念事項を共有するだけでなく，監査法人側の持っている情報や懸念点も確認したいところです。

2 データを利用して異常値を検知する手法

　内部監査は一般的に，事業部や子会社ごとに実施するケースが多いですが，全社の会計データ等を利用して異常値を検知し，特定の部署や取引を検証して問題点の発見につなげる手法もあります。

(1) データ利用監査の前提

　データ利用監査を実施するにあたっては，以下の3つの前提を満たしていることが望ましいです。

　①広範囲の取引データを一括して入手することができる。
　②異常値の内容は本社管理部門ではなく，現場に確認する必要がある。
　③確認する内容は会社としてリスクが明らかなものである。

　①は説明不要でしょう。②について，データを抽出できる本社管理部門が内容まで把握できるのなら，その管理部門を監査するときに一括で実施するほうが適切です。③について，データ利用監査の過程で，特に監査通知も行っていない部署等に突然，内部監査部門から問い合わせをする必要が出てくるので，明らかなリスクもないのに問い合わせを行うのでは，納得感を持って協力を得ることが難しいためです。

(2) データ利用監査の進め方

　進め方としては次に示すフロー図のように，特に通知等は行わず，いわば抜き打ち的な形で実施するほうが良いでしょう。事前通知を全社に出すなどすると，それに対する問い合わせの対応など，工数が過剰にかかってしまうリスクがあります。

　あくまで問題となりそうな事象が発見された部署に対してのみ，問い合

わせを行うこと，また，問い合わせを行う前に検証可能な情報は十分に吟味し，場合によっては他の管理部門との事前連携も検討するべきでしょう。

●通常の内部監査

●データ利用監査

特に海外など遠隔地の場合，相手の部署が非協力的な場合もあり，調査への工数は長めに見ておく必要があります。場合によっては相手先への訪問調査も視野に入れるべきでしょう。

(3) 事例1　期末間際の押込み販売の検知

本章前節でも述べましたが，月末・期末間際に行われる取引先への押込み販売は長期的にはビジネスに様々な悪影響を及ぼしますが，なんとかノルマを達成したい営業マン・営業部門によってしばしば行われます。

これに対して，顧客に対する売上計上データから，特に月末日・期末日に近い時点での集中的な出荷が行われている顧客を抽出し，営業部門に対してその取引の合理性を直接照会するという手法があります。翌期首の返品のデータも併せて入手できればさらに良いです。

多数ある営業部門等に対してモグラたたきのように当該部署の監査の際にチェックするのではなく，会社全体に網をかけて見張っていることが認識されれば，抑止力となることも期待できます。

(4) 事例2　過度の値引き販売の検知

　B to Bでブランドイメージを重視する企業は，型落ち品などの滞留在庫が発生したとしても，過度の値引きを行って無理に販売したり，非正規の販売ルートに商品が流れることを嫌います。これらはブランドイメージを毀損し，長期的に期待している価格で購入してくれる顧客層の離反を招くと考えられるためです。

　一方，販売子会社など販売の現場では，滞留在庫などは大幅な値引きをしてでも売ってしまったほうが，自分たちに課せられた売上目標の達成の観点からは望ましいと考えることがあります。

　こちらへの対応として，顧客に対する売上データから，販売子会社等の拠点ごとに品目ごと・顧客ごとの販売単価データを算定し，その単価が会社が想定している額より著しく低いものを洗い出し，その理由を販売拠点に対し確認するという方法があります。データの整理は下図のようなイメージになります。

拠点名	商品名	顧客名	販売額	販売数量	単価	標準単価	標準単価との乖離
A社	XX	K社	1,000,000	10,000	100	150	− 33％
A社	XX	L社	3,000,000	20,000	150	150	0％
A社	XX	M社	2,400,000	15,000	160	150	+ 7％
A社	YY	N社	1,475,000	5,000	295	300	− 2％

乖離大，追加検証

(5) 事例3　経費計上の適切性検証

　各種経費の計上のルールは，通常は規程に定められていますが，実際の運用は担当者とその上司のチェックで済んでしまう場合などは，適切な牽制が働いていない場合があります。全社のデータを一括入手して，適切にサンプリングを行い，経費の計上や承認に問題がないことを確かめ，問題が多い場合には警告の発信や，経理部門等を交えてのプロセスの改善などを検討していくことが有用です。

3　サイバーセキュリティ対応の内部監査

　情報セキュリティの中でも，特にネットワークを経由しての電子データへのサイバー攻撃に対する対策は重要でありながらも，専門的な知見が必要であり困難な領域です。内部監査としてこの領域にどう対処していくべきかを考えます。

(1) サイバーセキュリティとサイバー攻撃

　サイバーセキュリティとは，情報セキュリティの中でも特にコンピューターシステムやネットワーク，モバイル端末などに保存されている情報技術資産に対する不正なアクセスや情報の漏洩・改ざんなどの攻撃（サイバー攻撃）から保護する取り組みを指します。

　総務省の『情報通信白書』によれば近年のサイバー攻撃の通信数からの分析は下図のとおりであり，ピークの2020年を下回ってはいるものの，高い水準で推移していることがわかります。

（出典：『令和5年版　情報通信白書』）

(2) 主なサイバー攻撃

　企業等に対する主なサイバー攻撃は，以下のとおりです。これらの手法を複合的に組み合わせての攻撃が日常的に企業等に対して行われています。企業としてもこれは対処しなければならない重要なリスクに該当することが大半ですし，内部監査としてはその対応状況が妥当であることを確かめる必要があります。

名　　称	攻撃手法	対　　策
フィッシング	メール等を通じて偽のWebサイトに誘導し，個人情報や認証情報などを入力させ，データを盗用したり，マルウェアを送り込む。	従業員教育，メールフィルタリング，マルウェア対策ソフトウェアの導入。
ランサムウエア	コンピューターやネットワークに侵入し，データを暗号化しリカバリーのための身代金を要求する。	バックアップの実行，セキュリティソフトウェアの導入，セキュリティパッチの迅速な適用。
DDoS*	Webサーバーなどに対し，大量のデータを送信してシステムダウン等の障害を起こす。	海外からのアクセスの遮断（海外からの攻撃が多いため）。
ゼロデイ攻撃	OSやアプリケーションなどに最新のセキュリティアップデートが適用されていないタイミングで，ソフトウェアの脆弱性を突いて行う攻撃。	セキュリティソフトウェアの導入，セキュリティパッチの迅速な適用。

＊　Distributed Denial of Serviceの略

(3) サイバーセキュリティに対応するフレームワーク

　企業がどのような枠組みに沿って組織を構築し対策を取れば，サイバーセキュリティの観点から適切であるかを支援するために，複数の組織・団体がフレームワークを公表しています。各企業としては，まずはこれらのフレームワークのいずれかを採用し，それに沿った組織作りと対策を講じていれば，ある程度リスクに対して対応できているとみなすことができます。

　日本においては経済産業省が「情報セキュリティ管理基準」を公開して

おり，これに沿った管理を行っていれば，まずは十分であろうという枠組みを示しています。さらに，この管理基準に沿っていることを確認するためのガイドとして「情報セキュリティ監査基準」も公開されています。

　国際的なフレームワークとしては，情報セキュリティマネジメントシステムの国際規格であるISO27000シリーズが有名で，第三者認証を受けることができます。また，米国国立標準技術研究所（National Institute of Standards and Technology, NIST）はサイバーセキュリティに特化した「NIST Cybersecurity Framework」を公開しており，こちらを利用する企業も増加しているようです。

⑷　サイバーセキュリティに対する内部監査

　サイバーセキュリティに対する内部監査も，他の領域と同様に，まずはどのような内部統制が存在しているのか，それはリスクを軽減するのに十分かという視点から検討を行います。具体的には，もし会社が⑶で述べたフレームワークのいずれかを採用しているのであれば，そのフレームワークへの準拠状況をチェックしていけば良いでしょう。

　実際のサイバー攻撃に本当に耐えられるのかについての検証は，「ペネトレーションテスト」と呼ばれます。ペネトレーションテストを行うにあたっては，特にテストを実施する必要性の高い領域を特定したうえで，どういった手法で攻撃が行われるかのシナリオ作成や環境の準備を行ったうえで侵入を実際に行い，その結果を検証するというプロセスを踏みます。

　フレームワークに沿って内部統制が構築されていることの検証は通常の内部監査部門で可能ですが，ペネトレーションテストについては社内外のIT専門家のサポートが必要となるケースが大半であると思われます。

4 海外拠点の内部監査

　上場企業の多くは海外展開を行っており，海外に子会社を持ち，中には海外売上が日本国内の売上を上回っている会社も珍しくありません。しかし，海外拠点の監査は国内と比較して非常に難易度が高くなることが一般的です。企業全体のリスクを軽減するために，どのような手法が考えられるのかを見ていきましょう。

(1) 海外拠点の内部監査の難しさ

　海外での業務を困難にするのは，①言語，②法令・文化・風習，③距離・時差といった要因ですが，特に内部監査については①言語の問題は非常に大きいです。監査という業務の性質上，相手があまり言いたがらないことや隠そうとしていることを確かめなければならず，そのためには高度な言語コミュニケーションが要求されるためです。一方で日本企業の多くは，その海外進出の割に，英語を含む外国語の能力を十分に持っている従業員の数が足りておらず，内部監査部門でも海外とのコミュニケーションが可能なメンバーの数は限定的な企業が大半と思われます。

　また，②法令・文化・風習　③距離・時差という問題ももちろん大きいです。言語がわかっても，各国固有のルールにまでは理解が及ばないケースも多いです。また，少数の外国語ができるメンバーに海外の監査のすべてを任せると，特定の人に出張や，勤務時間外のネット会議などが集中してしまうことも問題です。

　こうした問題を抱えながらではありますが，海外拠点の監査には，大別して，日本から内部監査人を送り込んで監査を実施するスタイルと，海外で専任の内部監査人を現地法人等で雇用するというスタイルが存在します。また，監査法人やコンサルティングファームなどの外部リソースを利用する場合もあります。

(2) 日本から内部監査人を送る場合

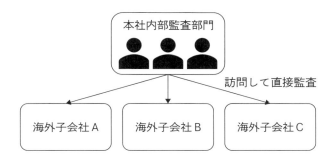

　上図のように，日本の内部監査部門のメンバーが直接出張ベースやリモートベースで海外拠点の監査を行うスタイルです。海外拠点の数が少なかったり，それほど重要でないうちはこのスタイルが良いでしょう。監査のやり方の統一や結果の集約がスムーズに可能で，企業全体の監査計画の中に海外拠点をシームレスに取り込めることがメリットです。また，現地で人を採用するのと比較すれば，低コストで済むでしょう。

　このスタイルを取る場合，通常以上に事前のデータの分析などの準備が重要になります。問題点についてはある程度当たりをつけて，最後の詰めを現地で実施するくらいのスタンスが望ましいでしょう。本章2節で触れたデータ利用監査の最後の一押しをするようなイメージです。

　また，現地の法令や慣習についての対応ですが，現地駐在員からの事前ヒアリングの他，過去に当該国に駐在し帰国している社員からのヒアリング，海外事業を管轄している部署がある場合にはその部署の担当者からのヒアリングなどが有効です。日本貿易振興機構（JETRO，ジェトロ）のウェブサイト（https://www.jetro.go.jp/）でも，日本企業が海外進出する場合の国や地域ごとの留意点などを公表していますので，こちらも参考になるでしょう。

　さらに，特にIT，経理，法務などの主要な本社の管理部門に対して，企業グループ全体で海外でも守ってもらうべきルール・ポリシーとして定めているものの有無，それらの海外各国への浸透状況や遵守の状況につい

ても確認をしておくことが望ましいです。IT面では，グローバルセキュリティポリシーを定め，グループ全体に遵守を求めるのは一般的な実務として定着しています。経理面では，連結財務諸表を作成するうえで，統一された会計基準で各国も経理を行うことが原則となっています。法務・コンプライアンスでもどこの国でも守るべきルールの周知，社内通報等の管理など，本社が主導権を握るべき事項が多く存在します。

　海外子会社が会計監査人を置いている場合は，会計監査の中で発見された問題点や懸念点を監査法人経由で事前に確認することも有益です。

(3)　現地で専任の内部監査人を採用する場合

　海外の事業展開が広がり，現地法人での採用者数が増加し本格的なグローバル企業になってきた場合は，現地法人もしくは現地リージョン（アジア，ヨーロッパ，北米などといった，国より一つ上の括り）で内部監査人を現地採用して，内部監査を実施するスタイルを採用するケースが多くなってきます。本社からも追加的に監査人を派遣する場合もありますが，現地での監査業務は現地の内部監査人に主導してもらうことが多いでしょう。

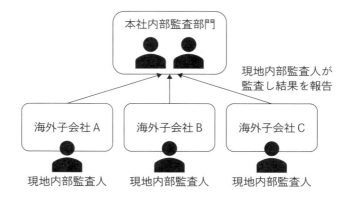

　このスタイルを取る場合，きちんと本社からのコントロールが効くようになっていることがポイントになります。年度や中期の監査計画は現地内部監査人の意見や案を出してもらったうえで，最後は本社側でリスク等総

合的に勘案して決めていく必要があります。また，個別の監査についても，ある程度は本社側で監査プログラムを用意して，必ずやってもらいたい内容を明示したうえで，現地側の視点からも手続を追加してもらう形が良いでしょう。(2)でも触れましたが，本社の主要管理部門（IT，経理，法務等）が海外にも遵守を要求している内容が守られているかは，チェック項目に含めます。

このスタイルのメリットは，海外子会社の状況を的確に理解したうえで監査が実行でき，監査後のフォローアップも丁寧に実施できる点です。一方で，きちんとコントロールを効かせないと監査がブラックボックス化するリスクもあります。

なお，海外に内部監査部門を設置する場合の留意点については，第10章にて説明します。

(4)　外部リソースを利用する場合

本社からの派遣も難しく，現地採用も行わない場合の手段として，監査法人やコンサルティングファームに海外拠点の監査を外注するという方法があります。一見，プロにお任せできるならこれが一番良いと思われるかもしれませんが，そう簡単な話でもありません。

外部リソースの利用は，海外に限った話ではなく，国内の内部監査についても可能です。依頼する側である内部監査部門が，外部に依頼する作業をきちんと切り出して，その部分だけをやってもらうというスタイルなら，うまくいくことも多いでしょう。しかし，自分たちが良くわからない領域を外部に依頼しても，ビジネスに十分な知見もないメンバーでは，限定的な貢献しか期待できないでしょう。

外部リソースを利用する場合，メンバーを毎回固定して，会社の状況に習熟してもらうことはできない場合もありますし，結局毎回，基本的な内容から説明しなければならず，手間がかかり，その工数に応じて高額な報酬を請求されるのではたまったものではありません。しかも，往査期間後のフォローアップはまた別の業務となってしまいます。

実施する手続を限定してそれのみをやってもらい，レビューもタイムリーに行えば，クオリティを高めることもできますが，そこまで手間をかけるなら，社内のメンバーが直接監査したほうがコストも減らせることでしょう。どうしても言語の壁が厚い場合に，監査の基本を理解しており，現地の言葉が話せるコンサルタントを通訳として連れていくなどの限定的な使い方のほうが，効果が期待できます。

歯切れの悪い表現が多くなってしまいますが，「内部」監査と銘打っている以上，主導権は社内の人間が取ることが原則と考えるべきです。

(5)　海外に往査する際の注意事項

国や地域によって注意すべき点はまちまちですが，一般的に注意すべき点を挙げていきます。

①　AI翻訳の利用

外国語で書かれた文書を読み解くのに，DeepLやChat GPTといったAI翻訳ツールは強い味方です。しかし，これらのツールは情報を社外に流出させている面があるので，利用にあたっては会社の情報セキュリティのポリシーに違反していないかを含めて適切に判断を行いましょう。

②　録画，録音の利用

往査前の事前準備段階では，Microsoft TeamsなどのWeb会議ツールを使うことも多いでしょう。録画録音機能，英語の字幕を付ける機能，文字起こし機能など，相手に断りを入れたうえで使用し，現地でのやり取りを後からでも確認できるようにしておきましょう。

③　安全への配慮

国や地域によっては，かなり高級なホテル以外では安全が確保できない場合もあります。また，交通機関についても信用できるタクシー会社に限定するなどの配慮が必要です。

④ 日本人だからといって油断しない

駐在員であれ，現地採用であれ，海外拠点監査時に，拠点にいる日本人の存在はありがたいものです。しかし，駐在員であっても，現地採用の外国人と適切にコミュニケーションが取れて正しい情報を持っているとは限りません。また，長くいる人が実は不正を行っていたということもよく聞く話です。彼らも監査対象であることを忘れないようにしましょう。

5 不正調査

内部通報などをきっかけとした不正の調査は，内部監査の本来業務と少し外れる面がありますが，社長直属と位置づけられていることが多い日本の内部監査部門では，重要な業務となっていることも珍しくないでしょう。また，通常の監査の過程で不正につながる事象が検出されることもありますが，そういった場合には通常の監査以上に慎重な対応が求められます。

(1) 不正調査のステップ

不正調査はケースバイケースであり，「こういう手順を踏まなければいけない」という決まりはありませんが，おおむね下図のようなステップを踏むと，適切な調査となるでしょう。

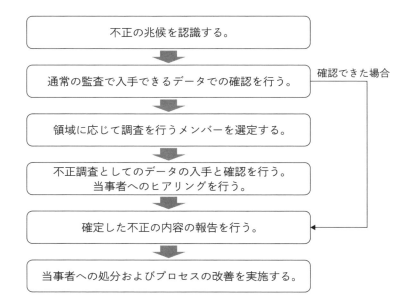

(2) 不正の兆候の認識

　不正の定義については複数の専門職団体が公表していますが、ここでは、法令および会社の規則等に反して意図的に行われ、その結果として会社もしくはそのステークホルダーに何らかの損害を及ぼす行為とします。典型的な例としては、組織ぐるみの粉飾決算や検査データの改ざん、金銭の盗難、経費の不正利用、セクシャルハラスメント等のハラスメントが挙げられます。

　不正は多くの場合、隠ぺいを伴うので、それが最初から明らかな場合は少なく、多くの場合は「不正かもしれない」という兆候の形を取っています。典型的なのは内部通報によるものですが、多くの場合内部通報は匿名で行われており、十分な不正の証拠を伴わず、報告者の主観による情報のみです。また、監査においても、たとえばデータ間の辻褄が合わないなどの事象が発見されただけでは、不正なのか、意図的でない誤りなのか、何らかの適切な理由がある例外的状況なのかは確定しません。

　こうした兆候を認識した場合、それが監査期間中であれば、通常の監査で実施する手続や入手するデータで検証を行います。これで結果が確定した場合は、不正をしかるべき場所に報告することになります。不正が現在監査を行っている部署の責任者を含めてのものであった場合には、監査役や取締役会、社長、コンプライアンス委員会など、どこに報告するかは状況により検討すべきでしょう。

　また、内部通報の場合、まずは通報者に対して十分な証拠の提供の依頼を求めることが基本になります。ただ、筆者の経験上、第一報以上の情報提供がなされるケースは多くありませんので、ある程度待ったら次のステップに進むことになります。

(3) 不正調査を行うメンバーの選定

　不正の兆候を認識してから、実際には存在しないことが確定しない限りは、何らかの調査を行うことになります。通常の監査の一部で対応可能な

ケースは(2)のとおりですが，別途の調査が必要な場合は，調査のメンバーを確定し，追加的な情報収集を行うことになります。

不正調査について，コンプライアンス委員会など，それを取り仕切る組織が社内で明確に存在している場合には，そこからの指示に従うことが原則となります。すべてを内部監査が請け負うルールの会社もあるでしょうし，領域によって別の部門がオーナーになるケースもあります。たとえば，ハラスメント関係なら人事がまずは調査，IT関連ならまずはIT部門が調査して，コンプライアンス委員会に報告するといったパターンです。専門知識がある人が調査に携わることができる点は長所ですが，不正調査に知見があるわけではない人がそれに携わるのは，秘密を守りつつの調査などの点からは課題が残るので，一長一短です。

(4)　不正調査の実施

会社の意思として不正調査を実施することおよびメンバーが確定したら，実際の調査を開始します。もし内部通報が実名で行われているなら，通報者へのヒアリングから開始し，通報の根拠となるデータなどを可能な限り入手します。

匿名の場合は，その周辺情報から調査を実施するよりありません。その場合，情報を有している部署に協力を求める必要があります。下図はその例です。

不正事例	関連部署	依　　頼
経費の不正使用	経理部，購買部	不正使用が疑われる人の経費精算や外部からの購入のデータ
ハラスメント関係	人事部	過去の退職者へのインタビュー結果 過去の人事考課結果
外部業者からの 不正キックバック	購買部	過去の業者との取引状況 購入業者の選定のプロセスのデータ
検査結果の改ざん	品質検査部， コールセンター	品質検査の状況の詳細 顧客からのクレームの記録

第9章　より高度な内部監査　185

　また，これらの他に重要なデータとして，個人のパソコン等からのメールやチャットの記録があります。内部監査であっても，個人のメール等の内容を通常の監査でチェックすることは必ずしも一般的ではないかもしれませんが，不正調査の場合には，IT部門に依頼してデータをチェックすることも必要となってきます。

　データや物証の検証の実施ができ，状況がグレーもしくは黒の場合に，被疑者へのヒアリングを行うことになります。ヒアリングにあたっての一般的な注意事項としては，以下のような内容があります。

- ●極力対面で，外部と隔離された場所で行う。
- ●調査側は2名で対応する。
- ●録音を行う（許可を求めるのではなく，行いますと通知する）。
- ●問題となる事象のデータを見せることは可能だが，通報には触れない。
- ●会社の業務としての調査であり，従業員は協力する義務があることを伝える。
- ●報復の禁止について明確に伝える。
- ●調査があったことは秘密にするよう伝える。

　開始前の口上は，事前に人事部，法務部等と相談して確定させておくと良いでしょう。

(5)　確定した不正の報告，処分とプロセスの改善

　ヒアリングを踏まえた調査の結果，不正があったと確定した場合，それを調査の依頼元に対し報告します。報告の際には，主観を交えずに事実を記したうえで，それが法令や会社のどのルールに違反しているかを明確にする必要があります。通常は就業規則に「賞罰」などの項目があるので，そのうちのどれに違反している，ということと，その場合の処分として挙げられているものを記せば足ります。

　また，内部監査部門としては，不正が発生した原因の中に，会社のプロセスによる不備があった場合には，その点についての改善を経営陣や該当

部署に対して促すことは検討するべきでしょう。

　内部監査部門としてはここまでで役割が終わるケースも多いですが，それを経てのコンプライアンス委員会などでの実際の処分の決定にあたっては，事実に基づいていること，明確に処罰の根拠があること，過去の類似の事例と比較して大きく処分の内容が異ならないことなどが，会社として留意すべき点になります。外部法律専門家等に処分の妥当性について見解を求めることも有用です。

Column⑦
不正調査時の黙秘権とメールの検閲

　不正調査のヒアリングを行う際に，質問される側（悪いことをしたのかもと疑われている人）は，言いたくないことは言わないという，黙秘権を行使できるのでしょうか。

　法律を犯して逮捕されても，取り調べや裁判の場ですら黙秘権が認められているのだから，企業の不正調査では当然認められていると思うかもしれません。しかし，企業において不正調査に対するヒアリングに回答することは，いわば業務命令です。したがって，質問に適切に回答しないことや虚偽の回答をすることは，それ自体が業務命令違反となるので，逮捕されている場合のような黙秘権は認められない，というのが正しい解釈になるようです。

　会社のアカウントを利用してのメールやチャットのやり取りについては，原則として会社側が自由に内容を見る権限があるとされています。しかし，むやみやたらと見るのは通信の秘密を侵害しているような印象を与えますから，慎重に行うことが望ましいです。不正調査の場合には特別に本人に通知せずに過去のメール履歴等を見ることもありえますが，通常の監査でそれを行うのはすこし行き過ぎと考えておくのが良いでしょう。

第10章

内部監査部門の
発展のために

●**本章のポイント**●

内部監査の活動を，上場前後の一時的なもの
だけでなく，継続的に企業の発展に沿って
行っていくためには，どのような取り組みが
考えられるかについて解説します。部門長・
管理職向けの内容が多いですが，小規模な内
部監査部門では，誰もが責任者になる可能性
がありますので，今はその立場ではなくても，
こういったことも考えておくと良いでしょう。

1 長期的な人材の確保

内部監査は人材が命です。優れた監査プログラムやリスク評価のツールがあったとしても，運用する人が理解して使わなければ，あっという間に監査の質は劣化します。そうならないための長期的な人材の確保について論じます。

(1) どのようなメンバーを配置したいか

内部監査人の個々人に求められるスキルについては，第1章4節(4)で説明しましたが，部門全体となると，複数人がそれぞれの強みをカバーできるようにするために，多様性のある構成となっていることが望ましいです。1つの参考として，CGコードは取締役会・監査役会の実効性確保のために下記のような多様性を要求しています。

---〈CGコード〉---

原則4－11. 取締役会・監査役会の実効性確保のための前提条件
取締役会は，その役割・責務を実効的に果たすための知識・経験・能力を全体としてバランス良く備え，ジェンダーや国際性，職歴，年齢の面を含む多様性と適正規模を両立させる形で構成されるべきである。また，監査役には，適切な経験・能力及び必要な財務・会計・法務に関する知識を有する者が選任されるべきであり，特に，財務・会計に関する十分な知見を有している者が1名以上選任されるべきである。

内部監査部門が持つべき多様性も，おおむねこれと一致しているように思われます。ジェンダーについては当然のこととして，多国籍展開している企業なら，外国籍のメンバーもいたほうが良いでしょう。ただし，日本語話者でないメンバーを日本法人の監査メンバーとするのは容易ではないので，まずは現地法人の監査メンバーということになると思います。この点については次節で触れていきます。

第10章　内部監査部門の発展のために　189

　職歴については，経理などの特定の管理部門に偏りすぎず，営業や製造なども含めて，企業の主要な活動をよく知っているメンバーが含まれていることが望ましいです。また，新卒生え抜きの人ばかりより，中途採用の方も含まれているほうが，多様な視点を持つことができるでしょう。

　年齢構成は，特に日系の大手企業では内部監査部門は50代後半以上ばかりというところも珍しくなさそうですが，**部門としての知見の定着なども考えれば，30代，40代のメンバーも増やしていくべき**でしょう。

(2)　中途採用成功のために

　新卒一括採用と終身雇用がメインであった日系企業も，近年では中途採用を増やしており，特に内部監査関係では伝統的な日系大企業の求人も珍しくありません。

　一方，中途採用で良い人を確保し長期的に貢献してもらうのは容易なことではありません。典型的な失敗のケースと対策は以下のとおりです。

〈中途採用失敗の典型的なケースと対策〉

> ✓期待していた能力がない　　⇨　面接で能力を確認
> ✓会社のカルチャーに合わない　⇨　入社後のケアを手厚く
> ✓より待遇の良い会社に引き抜かれる　⇨　明確なキャリアパスの提示

　まず，能力不足については，**面接での能力の確認が不十分**なケースが多いと思われます。英語力が必要なら，TOEICのスコアなどだけでなく面接で実際に英語のできる面接官と会話をさせてみるとはっきりします。データ処理能力を求めるならExcelやデータベースをその場でいじってもらっても良いでしょう。監査実務なら，特定の状況において想定される監査手続を質問するなどが考えられます。

　次に，会社のカルチャーの点について，長く同じ会社に勤務している人には，中途入社の人の不安はなかなか理解できないものです。メンターを付けるなどの工夫や，他部署のキーパーソンとの面談の機会を設けるなど，

迎え入れのケアを最初の半年くらいは心がけるべきでしょう。中途入社で立派な資格や経歴を持っている人が入ってくると，すぐに即戦力と期待してしまいますが，ある程度の規模と歴史のある会社なら，馴染んで成果を出すのに半年くらいは猶予を持っておいたほうが良いというのが筆者の経験からの考えです。

　最後に，引き抜きです。日本企業もジョブ型雇用への移行が謳われるようになり，専門職である内部監査人は，専門性があれば比較的転職が容易で，待遇が良い会社があればそちらに移ってしまうことは起こりえます。かといって，いきなり給与を上げるわけにもいかないことが多いでしょう。もし，長期的により上位のポジションや待遇が十分狙えるのであれば，こうした転職の抑止力となります。内部監査部門だけでは解消できない問題ではありますが，ジョブ型と管理部門の組み合わせでは頻繁に発生する問題ですので，人事部門と歩調を合わせて対策を考えるべきでしょう。

　採用にあたっては，上述したとおり，まずスキルがあることを面接で妥協せずに確認することが重要です。監査スキルという点では，やはり監査法人勤務経験者やCIAなどの資格保持者が勝る場合が多いでしょう。

　筆者の経験では，採用は内部の人間の紹介があるケースがうまくいくことが多かったです。能力もある程度事前に担保できますし，入ってくる人としても，知人のいるところのほうが間違いなく馴染みやすいです。

(3)　内部監査部門メンバーのキャリアパス

　若手・中堅社員を内部監査部門に迎え入れる場合には，その後のキャリアパスを整備しておくことも重要です。専門職であるという観点からは，10年以上，場合によっては定年までという長期間ずっと内部監査部門に配属しておくという考え方も一理あります。しかし，若手・中堅社員については，せっかく内部監査部門で会社の組織構造やリスクなどを深く理解したのであれば，別の部署でその知識と経験を活用する場を用意することは，社員と会社の双方にメリットがあります。

　筆者が過去に勤務した会社では，内部監査部門は人事面ではCFO傘下

のグループの中の部門の1つという整理になっており，人事異動もファイナンス系の部門間内では比較的頻繁に行われているというケースがありました。J-SOX対応もあり，ファイナンス系の部門と業務上の関連が深いのは確かですので，これは1つの方法です。

また，業務内容的には法務や情報セキュリティ等の部署も親和性があり，人事交流の可能性も比較的探りやすいでしょう。理想を言えば，子会社等のCFOなどで全社的なリスク管理の視点を活かせればさらに良いです。

キャリアパスを充実したものにするためには，内部監査部門には優秀な人間がいると社内で認知してもらうことと，人事部門や，人事交流先の候補となる部門とのコミュニケーションが不可欠で，内部監査部門長の重要な役割の1つと言えます。

(4) 外部リソースの利用

第9章4節(4)でも触れましたが，リソース不足の対処法としては，コンサルティングファームや監査法人などの外部リソースの利用も選択肢として挙げられます。IIAも「IIAポジションペーパー　内部監査部門の要員配置・資源調達に関して考慮すべき事項」を公表して，外部リソースの部分的な活用は選択肢として許容しており，内部監査についてきちんと責任をもつ，しかるべき立場の人間が社内にいて，相応の独立性が保たれているならば，内部監査の全面アウトソースも可能という見解を示しています。ただ，日本の上場企業の場合，日本取引所グループは，全面アウトソースは極めて限定的な状況以外では認めがたいという立場のようです。

これらを考え合わせると，現実的には外部リソースの利用は，部分的な不足を補う「コソース」が妥当と考えるべきでしょう。コソースが特に有用なのは，高い専門性が必要な以下のようなケースです。

- ●英語やその他の外国語コミュニケーションのサポート
- ●サイバーセキュリティなどIT系の高度な技術を要する検討
- ●サステナビリティなど最新の動向の情報が重要な領域
- ●容易に指示，監督が可能な単純作業

2 海外子会社等に内部監査部門を設置する場合の留意点

　第9章4節(3)で，海外拠点の監査にあたって現地に内部監査人を配置するケースについて触れました。ここでは，海外に内部監査部門（の拠点）を設置する場合の注意点について解説します。

(1) 海外に内部監査部門の拠点を設置する意義

　日系企業であってもグローバルにビジネス展開している企業であれば，海外での売上高が全体の50%を超える会社は珍しくありませんし，中には一国の現地子会社の売上だけでも日本での売上を超える会社もあります。このように海外ビジネスが拡大し，現地に大規模な法人が設置され，多くの部門を有して事業活動が行われている場合，日本から時々内部監査人が訪問するだけでは，十分な監査やリスク対応が難しくなります。こういった場合に，現地にも内部監査部門を設置して，現地で採用された内部監査人が監査を行うことが有効な手法となります。

●海外内部監査部門設置まで

　海外子会社に内部監査部門を設置し，現地で監査人を直接雇用することで，現地の商慣習や法令などにより詳しいメンバーでの監査が可能になります。

(2) 現地内部監査人の人事上の扱いの留意点

　海外子会社に現地内部監査人を配置する場合，下図のように，雇用契約の相手と，指示監督を行う相手が異なるという状況が発生します。

　この状況において，本社としては現地内部監査人の人件費負担，人事考課およびキャリアパスについて考えておく必要があります。

① 人件費負担
　人件費については海外子会社に他の従業員と同様に負担させる方法と，本社側での負担にする方法があります。仮に増員が必要な場合でも，現地負担となれば現地マネジメントの了解をそう簡単に得られない可能性も考えると，本社で負担する形にしたほうが柔軟性は高まります。しかし，キャリアパスとして内部監査部門以外への異動をさせようとすると，子会社負担人件費がそのときから増えてしまうので異動が難しい，といったデメリットもあります。

② 人事考課
　人事考課について，一義的には業務の指示元である本社の内部監査部門が行うことになるでしょう。現地法人の社長やCFOなどにも働きぶりを確認して，公正な評価に努める必要があります。
　人事考課は昇給や賞与査定の関係で，人件費負担と連動する部分があり，本社が人件費を負担しないと，人事考課結果に対する報酬の連動が適切になされないというリスクがあります。
　外国人に対して直接人事考課を行う場合，主に英語でコミュニケーションすることになりますが，言葉の壁のみならず文化の違いもあり，ともす

ると日本人に対する場合より高い点数が付きがちになります。アメリカが特に顕著ですが，自己評価を本人に書かせると，日本人と比べてはるかに高めの自己評価を付けてくることが珍しくありません。それを1つ1つ否定して，適切な評価を納得させるのは大変な仕事です。

　加えて，海外のほうが一般的に離職率も高いので，「今，急に辞められたら困る」という心理も働き，つい評価が甘くなる傾向は否めません。しかし，これが長期間続けば，給与が過剰に高くなったり，「これだけ高評価なのだから昇進させろ」と言われたときに反論できないなど，多くの弊害があります。これを避けるためには，**信賞必罰を徹底し，退職の脅しを恐れないこと**です。

③　キャリアパス

　海外での採用者にもモチベーション高く，ある程度継続的に働いてもらうには，基本的に国内と同様，将来的なキャリアパスが存在している必要があります。子会社のマネジメント層に対して，内部監査部門メンバーの存在感をうまくアピールすることのサポートも必要でしょう。

　また，人事部門や，異動先として考慮しやすいファイナンス系の部門の現地責任者とも密にコミュニケーションを取り，本人の希望も踏まえて，キャリアパスの整備を行うことも必要です。内部監査部門としても，優秀なメンバーに対しては，子会社の責任者だけでなく，本社の管理職への登用の可能性も検討するべきです。

　もちろん語学の問題もあり容易ではありませんが，外資系企業は当然のように世界中の優秀な従業員をどんどん管理職に取り立てていることを考えれば，日系企業も同じ対応を考えていくべきでしょう。

(3)　採用

　海外子会社で内部監査部門での採用を行うということは，相当数の現地採用者がすでにその会社に存在しているという状況が前提です。したがって，まずは現地法人の人事部門と協働して，現地採用プロセスに乗った形

で募集を行うべきです。自社ウェブサイトでの公募と，人材エージェントを併用するのが一般的ですが，エージェントは現地人事部門が利用しているものを使えば良いでしょう。

　候補者を比較検討できたほうが良いので，レジュメを見て面接してもよさそうな候補者が複数名出揃うのを待ったうえで面接に進むことが望ましいです。現地人事部門が面接対応できるのであれば，現地人事担当と日本の担当者とでリモートで一次面接をしても良いでしょう。また，すでに現地に内部監査人が配置された後ならば，そのメンバーも面接に参加してもらうことも考えられます。ただ，採用の結果によって，新しいメンバーが上司になる可能性がある場合は，現地メンバーの参加は慎重に判断すべきです。

　その後何回面接を行うかは会社ごとの判断ですが，可能ならば最終面接は，現地に内部監査部門の責任者かそれに準ずる管理職が赴いて，残っている候補者全員を順番に面接するべきでしょう。やはり，リモートではわからない部分があると思いますし，面接を受ける側としても，これから指示に従うべき上司と対面しておくことは意義があると思います。

　求められる能力は基本的に国内の中途採用の場合と同様ですので，本章1節(2)を参照下さい。なお，英語圏以外での採用の場合，日本とのコミュニケーションは基本的に英語になることには留意しましょう。

3 実効性のある教育研修

　内部監査人の専門職としてのスキルを維持，発展させていくためには，継続的な研鑽が欠かせません。個々人の自覚に依存する部分ももちろん大きいのですが，組織として考えていくべき事柄もあります。

(1) 座学による研修

　座学による研修として特に有名なのは，日本内部監査協会が実施している，「内部監査士認定講習会」があります。日本内部監査協会の法人会員となっている企業の場合，とりあえず内部監査部門に異動してきた人にはこの研修の受講を義務づけているところもあるようです。2024年4月現在では，オンデマンド配信で，指定期間中に48時間の講義の受講＋修了論文提出と2時間のフォローアップ研修というプログラムです。カリキュラムは，内部監査の基本に始まり，各種監査のポイントなどかなり広い範囲をカバーしたものとなっています。

　この他，USCPAやCIAの資格試験対策で有名な資格予備校のAbitus（アビタス）でも，内部監査初心者向け講座が提供されています。こちらはかなり細かいパート単位での受講も可能な点が特徴です。

　こうした初学者向け講座の他にも，有料・無料の講座が多々存在します。日本内部監査協会については，個人会員になっておくと，無料の研修を色々と受けることができます。また，Abitusでは実務家による様々な企業の内部監査の実践についての講座がしばしば無料で提供されており，他社事例を知るうえで参考になります。

(2) On the Job Training（OJT）において留意すべき点

　内部監査が企業ごとに独特の方法を多く含んでいること，未経験で配属

される人も多いことを考えると，OJTは非常に重要です。個別の監査開始後の主なOJTは以下の内容をメインとするのが良いでしょう。

〈OJTのステップ〉

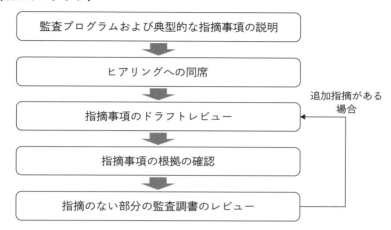

　現場での監査開始前に，監査プログラムのそれぞれの手続の意味合いや，そこから検出されることの多い典型的な指摘事項をまず説明し，これから行う作業の意味合いを理解し，納得感を持ってもらいます。最初は経験者のヒアリングに同席し，少し慣れたところで，ヒアリングのリードをしてもらう機会を作り，サポートしながら少しずつ場数を積ませます。

　指摘事項の候補が検出された場合には，まずそれを文書化し，内部監査報告書に掲載させる指摘事項のドラフトを書いてもらいましょう。少し早いと思われるかもしれませんが，ここが内部監査業務の肝となる部分なので，できるだけ早く実践してもらうことが望ましいです。

　さらに，指摘事項には明確な根拠があり，反論を受けても揺らがないようになっている必要があります。内部監査に不慣れな方だと，ヒアリングベースの不確実な情報に飛びついてしまうことがありますが，報告会などで反論を受けて，指摘事項が正しくなかったとなれば内部監査の信頼性はがた落ちですので，徹底するべき点です。

　その他の部分についても，監査の作業の証跡である監査調書をレビューして，抜け漏れがないことをチェックしましょう。この段階で追加指摘が

発見されたら, 指摘事項のドラフトに戻るイメージです。

(3) 他社との情報交換

　実際に内部監査業務を行っている他社の事例を聞き, あわせて自社の取り組みを説明して情報の共有, 交換を行うことも有用です。特に内部監査部門の規模が小さく, 社内ではなかなか相談できる相手がいないような状況では, こうした情報交換の意義は大きいでしょう。一方で, 他社に説明するからといって実態以上に背伸びした話をしたり, 会社として秘密にしておくべき事項を話してしまうことなどがないように留意する必要があります。

　日本内部監査協会の法人会員になると, 時々, 各社の内部監査部門の担当者が集まっての勉強会なども開かれているので, こうした場を情報交換に利用することも有益です。

　会計監査を担当している監査法人に, 内部統制や内部監査の最新動向のレクチャーをお願いしてみるという方法もあります。内部監査部門の水準が向上すれば, 監査法人が内部監査の業務を会計監査の中で一部利用可能になる, というルールも監査法人側には存在しますので, レクチャーを無償で引き受けてくれる可能性もあります。

(4) 資格取得の奨励や書籍代の補助

　第8章2節で, 専門職としての内部監査関連の資格について説明しましたが, その他にも, 経理・会計関係として日本商工会議所の簿記検定や, ITの基礎であるITパスポート試験など, 内部監査人として知識が重要になってくる分野については, 受験料や報奨金の支給などの形で学習を奨励している企業も多いです。会社としてこうしたサポートを行うことも一考すべきでしょう。

　また, 内部監査は多様な領域をカバーしなければならず, あまり知見のない分野についても学習が必要となることも多いです。ある程度の書籍代やセミナー等の参加費用は, 会社が負担することが望まれます。

4 有価証券報告書における開示

　上場企業等が発行する有価証券報告書には，内部監査の状況の開示が行われています。2023年1月31日に，「企業内容等の開示に関する内閣府令」の一部改正（以下，「改正開示府令」）が公布・施行され，記載に一層の充実が求められることになりました。

(1) 「改正開示府令」の改正内容

　この改正により，有価証券報告書に「内部監査の実効性を確保するための取組（内部監査部門が代表取締役のみならず，取締役会並びに監査役及び監査役会に対しても直接報告を行う仕組みの有無を含む。）について，具体的に，かつ，分かりやすく記載すること。」（改正開示府令第二号様式「記載上の注意」(56)-b(c)）という要求が加えられました。これは第6章や第7章でも触れた，デュアルレポーティングラインの要請を背景としています。

　この改正を受けて，日本内部監査協会から「内部監査の状況の開示のあり方」が2024年4月5日に公表されています。

　これらの動きから，内部監査の状況をより詳細に開示することが，株主をはじめとするステークホルダーからの要請であると考えることができます。

(2) 開示府令の改正を踏まえての開示例

　開示府令の改正や内部監査の開示内容の充実の要請を踏まえて，開示が大きく変化している例を見ていきましょう。以下は，開示府令改正前の2022年12月期の株式会社資生堂の有価証券報告書「内部監査の状況」です。

〈株式会社資生堂　2022年12月期　有価証券報告書〉

② 内部監査の状況

当社では監査部が，全社的な見地からグループ全体の内部統制の整備・運用状況を，「業務の有効性・効率性」「財務報告の信頼性」「関連法規・社内規程の遵守」および「資産の保全」の観点から検証するとともに，リスクマネジメントの妥当性・有効性を評価し，その改善に向けた助言・提言を行っています。内部監査結果は，毎月，代表取締役 会長 CEO，取締役最高財務責任者および監査役に報告するとともに，定期的に取締役会に報告しています。

また，財務報告に係る内部統制については，金融商品取引法に基づく内部統制報告制度に従って，監査部が独立した部門としてグループ全体の内部統制の評価を取りまとめ，レビューを実施した上で最終評価を行っています。評価結果は，毎月，代表取締役 会長 CEO，取締役最高財務責任者および監査役に報告するとともに，定期的に取締役会および監査役会に報告しています。

加えて，３ラインモデルの活用推進がコーポレートガバナンス活動の一環と認識し，第一線の事業部門，第二線となるグローバル本社機能部門や地域本社等とともに第三線の監査部が協働して，健全な成長戦略の推進および持続的な企業価値向上に向けて，リスクシナリオおよび同対策の構築・改善活動をすすめています。

監査部は，独立性・客観性を担保するため代表取締役 会長 CEO直轄の組織となっており，スタッフ19名（2022年12月31日現在）に加え，欧州・米州・アジア・中国にも拠点監査人を合計６名（2022年12月31日現在）配置するなど，事業のグローバル化の進展にあわせた体制整備を進めています。

なお，情報セキュリティ，製品の品質などの専門領域は，それぞれの担当部門がリスクアセスメントや内部監査を実施しています。

従来から開示府令で求められてきた「内部監査の目的，監査の方針等」，「内部監査の組織，人員，手続」，「内部監査，監査役監査及び会計監査との相互連携，これらの監査と内部統制部門との関係」を包括的に記載していることがわかります。また，この時点では同社の内部監査部門は代表取締役の指揮下にあったため，取締役会や監査役会への報告は二次的な位置づけと読める表現になっています。

これが，2023年12月期には，大幅な記載の拡充が行われています。(a)
(b) (c) の三項建てになっていますので順番に見ていきます。

まず，「内部監査の目的と方針」について，企業理念に沿ったうえでの
持続的な成長と企業価値向上への貢献という，前年度と比較して踏み込ん
だ表現が行われています。

〈株式会社資生堂　2023年12月期　有価証券報告書〉

② 内部監査の状況

a. 内部監査の目的と方針

「第2　事業の状況　1　経営方針，経営環境及び対処すべき課題等」
に記載の①企業理念 THE SHISEIDO PHILOSOPHYをもとにした統制
環境を前提としています。その上で，当社グループの内部監査は，適切
な統制活動および改善活動の促進により，持続的な成長と企業価値向上
に貢献することを目的としており，監査部制定の「内部監査規程」に基
づき，全社的な見地から当社グループの内部統制の整備・運用状況を，
「業務の有効性・効率性」「財務報告の信頼性」「関連法規・社内規程の
遵守」および「資産の保全」の観点から検証するとともに，リスクマネ
ジメントの妥当性・有効性を評価し，その改善に向けた助言・提言を
行っています。

また，上記の目的を達成すべく，当社代表執行役 会長 CEOは，高品
質な内部監査を実施できるように必要なリソースを提供し，内部監査機
能の活用を通じて，高い倫理感と誠実性をもった組織へさらに進化させ
ていき，ステークホルダーの皆さまに信頼される会社を目指していきま
す。

次に，「組織・人員構成」についてですが，同社が監査役会設置会社か
ら指名委員会等設置会社に移行したことに伴い，それまでのCEO直轄組
織から監査委員会直轄に変更となり，監査委員会を優先的なレポーティ
ングラインとすることが明記されています。これはまさにデュアルレポー
ティングの明確化を行っているものです。

また，人員構成について，監査関連有資格者の情報や在籍期間などの補
足情報を示し，専門性を持った部署であることを説明しています。

b． 組織・人員構成

　当連結会計年度において監査部は，代表取締役　会長　CEO直轄の組織であり，毎月，代表取締役　会長　CEOおよび取締役最高財務責任者，ならびに常勤監査役に，また，定期的に取締役会・監査役会に報告していくなど複数のレポートラインを確保しています。

　また，財務報告に係る内部統制については，金融商品取引法に基づく内部統制報告制度に従って，監査部が独立した部門としてグループ全体の内部統制の評価を取りまとめ，レビューを実施した上で最終評価を行っています。監査の実施状況および評価結果は，上記と同様に報告しています。

　なお，2024年3月の株主総会以降は，監査委員会直轄の組織とすることでより独立性・客観性を担保し，定期的に監査委員会に監査の実施状況およびその結果を報告するとともに，毎月，代表執行役　会長　CEOおよび執行役最高財務責任者に，定期的に取締役会に報告していくなど複数のレポートラインを確保します。また，代表執行役と監査委員会との間で相反する指示・判断があった場合には，監査委員会の意見を優先します。

　人員は2023年12月末現在，本社監査部員19名，欧州・米州・アジア・中国に本社所属の拠点監査部員6名（主に現地採用）を配置しています。公認内部監査人（CIA），公認情報システム監査人（CISA），公認不正監査士（CFE），日米の公認会計士等の専門資格を保有するものは概ね5割で，未保有者にも資格取得を奨励するなど，専門性が高く信頼される組織を目指しています。また，部員の当社内部監査の従事期間は平均5〜6年と内部監査の経験・知見のあるメンバーとともに，監査部内でスキルマトリクスを作成・確認し，監査部に不足している専門性をもったメンバーを他部門から迎え入れバランスを考慮した人員構成となるようにしています。なお，社内の専門性および人員数の観点からリソースが不足した場合には，必要に応じて外部の専門家を活用しています。

　上記ほか，リスクベースに応じ，国内外主要子会社に現地経営者へのレポートラインを有する専任監査部員18名が所属しており，現地の実情に即応できる体制を整備しています。

　内部監査業務の品質向上のために，当社では内部監査人協会（The Institute of Internal Auditors）の「内部監査の専門職的実施の国際基準」（IIA基準）をもとに，外部品質評価の実施経験がある複数のCIA保持者による監査の品質評価を内部で実施しており，今後の定期的な外部

第10章　内部監査部門の発展のために　203

評価も見据えて，部門運営・業務の継続的改善を行っています。品質向
上に向けて，グローバルレベルでの基幹システム統一を機とした監査部
門におけるデータ分析能力の向上を進めています。

「内部監査の主な活動」としては，マネジメントへの情報の共有状況を
詳細に示すとともに，リスクマネジメントやコンプライアンスの観点から
もリスク評価を行い，どういった方針で監査の計画を立案しているか，ま
た，専門領域への補完的なモニタリング活動についての記載も行われてい
ます。

c．内部監査の主な活動
　当連結会計年度の主な組織・機能上の報告・情報交換の実績は以下の
とおりです。下記に加えて，「監査役監査の状況」に記載のとおり，会
計監査人，監査役，および監査部の間で定期的な情報交換を行うなど相
互連携を強化しています。

〈監査部との報告・情報交換〉

会議名	頻度	出席者
CEO・CFO報告	毎月	CEOおよびCFO
取締役会報告	年2回	取締役および監査役
社外取締役との情報交換	適宜（1回）	社外取締役
監査役報告（監査役会報告を含む）	毎月	監査役
社外監査役との情報交換	適宜（2回）	社外監査役

　監査部では，Global Risk Management & Compliance Committeeに
おけるリスク認識やその他の当社内外で識別されたリスク情報，対象組
織に対する監査の頻度などを総合的に勘案したリスク評価を実施し，監
査部の人員を含めたリソースを考慮の上，優先順位をつけて，監査対象
組織・テーマを選定し，内部監査を実施しています。その結果，2023年
度は25の組織・テーマを対象とした内部監査を実施しました。内部監査
実施後は，改善指摘とその対応状況を定期的にフォローアップし，その
進捗をCEOに報告しています。
　情報セキュリティ，製品の品質などの専門領域は，それぞれグローバ
ルポリシー等を作成し，第一線および第二線での運用を徹底させるとと

もに，リスクアセスメントを実施し，テクノロジーを活用したオフサイトモニタリングや現地往査によるモニタリングを実施しています。また，国内外主要子会社の専任監査部門が実施する監査の結果について情報共有しています。加えて，各機能部門・子会社監査部門と監査部とで共同監査を企画・実施しています。

　今後は，サステナビリティ戦略推進部，DE&I戦略推進部，および地域本社などと協働して，非財務情報の開示充実に対応できる内部統制の整備・運用について保証の観点から貢献します。

　もちろん，内部監査部門の立ち位置や規模は会社に応じて様々ですし，無理に開示を充実させればよいというものではありませんが，今後，CGコード等に対応した形で開示の充実が図られていくと想定されますし，それが実態の充実を後押しするものであってほしいものです。

5 内部監査の進む道

　内部監査への注目度が上がっている現在ですが，今後，どのような道を進んでいくのかについて考えていきます。

(1) アシュアランス（保証）かアドバイザリーか

　内部監査の目的に，監査を実施した領域に対しては問題がなかったというアシュアランス（保証）を与えるということと，会社に対して有益なアドバイスを提供するアドバイザリーの双方があります。監査法人等による会計監査は明確にアシュアランスを目的としていること，日本の多くの企業で内部監査部門の設立や拡充のきっかけとなったJ-SOXもアシュアランスが前提であることから，内部監査の活動や報告書の記載様式に，アシュアランス的な内容が含まれているケースが多いと思われます。

　内部監査も究極的には，明確なルールに沿って必要な手続をすべて実施した結果をもって，「この範囲においては問題がないと結論づける」といったアシュアランスを出せれば，スッキリして気持ちが良いかもしれません。しかし，リソースの配分を内部監査部門の一存で決定できない以上，厳密なアシュアランスを与えることは非常に困難です。

　経営陣にバリューを評価してもらい，多くのリソースを確保したければ，アドバイザリーに力を入れて，より経営者が求める貢献をまずは行ったうえで，リソースの拡充を求めていくのが現実的なアプローチであることは本書でも繰り返し述べてきました。一方で，社外役員中心に構成された監査委員会に内部監査部門が直結する型に移行するケースが増えてくる中で，監査委員会の要請事項は，委員会としての責務を果たす観点からアシュアランス寄りになる可能性もあり，内部監査部門はこのあたりのバランスにこれまで以上に気を配らなければならない環境になっています。

(2) J-SOXと内部監査のすみ分け

　内部監査とJ-SOX（の自社評価）は，ともに内部監査部門で担当することが多く，隣接した領域ですが，その対象範囲は下図のとおりで，実際にはJ-SOXの対象領域は内部監査の対象領域の一部に過ぎません。

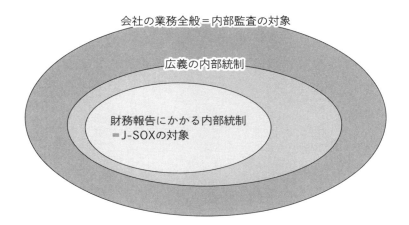

　さらに，J-SOXがその制度理念はさておき実態としては，毎年「開示すべき重要な不備はありませんでした」という結論を目指して進んでおり，積極的に問題点を洗い出していくというスタンスではない企業も多いと想定されます。また，年度途中で問題が検出された場合でも年度末までにそれが解消されていれば内部統制の不備とはみなされないので，短期的な解決を求める傾向があります。

　一方で内部監査は，その存在を示すためにはリスクの高い領域にリソースを投下し，多くの問題点を洗い出して指摘し改善を求めるもので，中には長期的な改善の取り組みを求めていくものもあります。

　このように，実施する作業は似ていても，根本に横たわる思想にかなり隔たりがあることに注意したうえで，内部監査部門は双方の業務を行うべきですし，場合によっては両者は別の部門としたほうが望ましい場合も考えられます。

(3) 企業の直面する課題と内部監査

　これまで内部監査は財務経理業務との関連が強く，配属される人は財務経理の経験者，中途採用されるのは公認会計士などが比較的多かったようです。これは，上述のようにわが国の場合，内部監査部門の拡充が意識されはじめたのはJ-SOXの導入と同じタイミングの企業が多く，SOX制度の導入がアメリカのエンロン事件に端を発した粉飾決算の予防であったことが大きく影響していると思われます。

　しかし，本書でもこれまでに見てきたように，内部監査において検証が必要な領域は，経理や財務報告の領域にとどまるものではありません。従来，多くの日本企業においての労働関連法規の遵守状況は，サービス残業は当然のこととされ，そこにメスが入ることもあまりありませんでした。しかし，働き方改革の大きな流れの中で現在では労務領域は内部監査が重点的に見るべき項目となっています。こうした状況では，社会保険労務士の有資格者や人事部門経験者が内部監査部門にもっと入ってきても良いでしょう。

　また，IT・情報セキュリティの領域では大半の企業が多くのリスクにさらされながらも，十分な対応ができているとは言えません。これは各企業の問題だけではなく，IT人材の大幅な不足という国全体の問題とつながっているため，すぐに解消できるものではないですが，IT・セキュリティ専門家の内部監査へのニーズはますます高まる一方でしょう。

　さらに，現在開示や外部監査のあり方についての議論が急速に進んでいるサステナビリティ領域についても，専門的知見を持った内部監査人が求められることは確実です。

　こうした，企業の直面する課題に的確に対応する形で，企業に貢献可能な内部監査を実施するために内部監査部門も変革を続けていく必要があります。

〈著者紹介〉

浦田　信之（うらた　のぶゆき）

公認会計士・公認内部監査人

1996年東京大学経済学部卒業。日本長期信用銀行（現SBI新生銀行），朝日監査法人（現有限責任あずさ監査法人）を経て，2013年住友スリーエム（現スリーエムジャパン）常勤監査役。その後，資生堂，電通の内部監査部門を経て2023年独立，上場企業の内部監査支援等に従事。

お問い合わせ先　ms.cpaciaoffice@gmail.com

わかる！使える！うまくいく！

内部監査 現場の教科書

2024年9月10日　第1版第1刷発行
2025年5月20日　第1版第9刷発行

著　者　浦　田　信　之
発行者　山　本　　　継
発行所　㈱中　央　経　済　社
発売元　㈱中央経済グループ
　　　　パブリッシング

〒101-0051　東京都千代田区神田神保町1-35
電話　03（3293）3371（編集代表）
　　　03（3293）3381（営業代表）
https://www.chuokeizai.co.jp
印刷／三英グラフィック・アーツ㈱
製本／侑井　上　製　本　所

© 2024
Printed in Japan

＊頁の「欠落」や「順序違い」などがありましたらお取り替えいたしますので発売元までご送付ください。（送料小社負担）
ISBN978-4-502-51311-4　C3034

JCOPY〈出版者著作権管理機構委託出版物〉本書を無断で複写複製（コピー）することは，著作権法上の例外を除き，禁じられています。本書をコピーされる場合は事前に出版者著作権管理機構（JCOPY）の許諾を受けてください。
　JCOPY〈https://www.jcopy.or.jp　eメール：info@jcopy.or.jp〉